新能源将改变一切，财富从"黑金"转向"绿金"

第4次革命
THE FOURTH REVOLUTION

重构能源企业管理模式

刘海峰 著

中华工商联合出版社

图书在版编目（CIP）数据

第4次革命：重构能源企业管理模式／刘海峰著.

—北京：中华工商联合出版社，2012.10

ISBN 978 - 7 - 5158 - 0336 - 4

Ⅰ.①第…　Ⅱ.①刘…　Ⅲ.①能源工业—工业企业管理—研究　Ⅳ.①F407.2

中国版本图书馆 CIP 数据核字（2010）第 217972 号

第 4 次革命——重构能源企业管理模式

作　　者：	刘海峰
责任编辑：	胡小英　郑　婷
装帧设计：	王成号
责任审读：	李　征
责任印制：	迈致红
出版发行：	中华工商联合出版社有限责任公司
印　　刷：	北京睿特印刷厂大兴一分厂
版　　次：	2012 年 11 月第 1 版
印　　次：	2012 年 11 月第 1 次印刷
开　　本：	710mm×1020mm　1/16
字　　数：	150 千字
印　　张：	15.5
书　　号：	ISBN 978 - 7 - 5158 - 0336 - 4
定　　价：	45.00 元

服务热线：010 - 58301130

销售热线：010 - 58302813

地址邮编：北京市西城区西环广场 A 座

19 - 20 层，100044

http://www.chgslcbs.cn

E - mail：cicap1202@sina.com（营销中心）

E - mail：gslzbs@sina.com（总编室）

工商联版图书

版权所有　侵权必究

凡本社图书出现印装质量问题，请与印务部联系。

联系电话：010 - 58302915

没有新观念，就没有新突破

企业未来的核心竞争力将不再以拥有的实际资产来衡量，而是以拥有的能把经营资源转化为生产力的知识资本来进行衡量。

整个商业世界将发生巨变。因此，新经济时代能够取得成功的公司的领导者必须抛弃传统的、简单的线性思维，转向全面系统的思考，并依靠知识的运营能力创新竞争优势。

——刘海峰

序

2012：旧世界的终结，新世界的开始

2011 年 11 月 11 日零点"开业"的淘宝商城，截至 12 日零点，交易额突破 33.6 亿元。据北京商业信息咨询中心对北京市 125 家企业 3568 个店铺抽样调查显示，2012 年元旦节日 3 天共实现商品零售额（营业额）24.9 亿元，但这还不及淘宝商城一天的销售额。

现在，你会发现身边过去抵触网购的朋友，也开始乐此不疲地开始网购了。为什么？说有趣，不准确。有价值，才是其本质。过去你买一样东西，货比三家需要跑上好几天，现在只要数分钟就能搞定。价格越来越透明，消费者拥有的话语权也就越来越大，商家也可以实时掌握消费者偏好，互联网让商家与消费者互动，信息也更加对称。

无论我们是欣喜，还是恐惧，我们都必须面对这场革命，这一切正在彻底地颠覆传统的商业模式，改变着人们的生活方式。

2012 年被演绎为世界的末日，由此引发了人们的恐惧感。

我常说，恐惧让我进步。当人身陷绝境时，更能唤醒身体的潜能，恐惧有时可以拯救我们自己。里克·汉普森在为《今日美国》写的一篇文章中说："美国人经常会认为当下是最糟糕的时代，因此能够更加打起精神积极

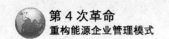
应对逆境。无论是 1957 年的苏联卫星上天，1975 年的越战失利，还是 20 世纪 80 年代日本经济崛起带来的挑战，美国人总是在告诫自己好日子已经到头了。也正是美国人这种如临深渊的假想，一次次挽救了自己。美国人从不低估挑战，反而总是过度回应。在一个竞争激烈的世界里，这才是美国人成功的关键所在。"

互联网正在颠覆传统的商业模式，新一轮商业世界的革命，正在引发一场财富的革命。谁能成为未来的赢家，关键看他对未来的洞察力，对财富变化趋势的把握。罗伯特·托马斯说："没有创新精神的人，永远只能是一个执行者；没有创新精神的企业，永远无法站在行业的最顶端。"

让一个国家或公司从萧条中振作起来，需要的是伟大的构想。正如苹果教父史蒂夫·乔布斯凭借个人的信仰、激情和梦想，拯救了一个濒临灭亡的公司，还颠覆性地重塑了计算机、音乐、传媒、电信产业，甚至改变了人们的生活方式。

乔布斯让我们看到了什么

2011 年 10 月 5 日，乔布斯去世，全球到处都在搞追思的活动，只因人类在 21 世纪失去了一位伟大的创新领袖。我也发了一段微博为乔布斯祈祷：永恒的乔布斯——活着就是为了改变世界。你实现了理想，赢得了世界的尊重。你拯救了苹果，苹果改变了世界，世界革新了秩序。更重要的是，你让世人的生活充满了想象力，增加了无限的可能。你留下了最宝贵的精神财富，将激发更多人去打破旧秩序，重构新世界。

乔布斯的伟大之处就在于他看到了别人看不到的东西，比别人看得更远，比尔·盖茨的伟大构想是让每个办公桌上放台计算机，更好地为工作服务；而乔布斯则是希望人手一台计算机，更好地生活和娱乐。乔布斯不仅改变了人们的生活方式，还颠覆性地重塑了计算机、音乐、传媒、电信产业，甚至更多。

尤为重要的是，他还改变了行业的游戏规则——过去电信运营商和手机制造商谁牛？毫无疑问是电信运营商，因为你不管制造何种品牌的手机都需要使用电信运营商的信号服务，但是这种情况被乔布斯改写了，在国外乔布斯与许多运营商的合作都是话费分成模式，苹果不再仅仅依靠贩卖手机赢利，而且电信运营商的话费收入还得分给苹果一部分。

苹果公司无疑是这个时代最具艺术气质的科技公司之一，产品的设计理念达到了和用户的需求融为一体的最佳共鸣状态，触摸到了用户最激动的兴奋点和购买心情，所以其产品畅销、流行、供不应求，时尚的生活方式有了苹果的身影，这也成为苹果公司最骄傲的地方，为苹果公司与合作伙伴的关系设置了一道基本的门槛。苹果公司的合作伙伴都要按照前者预先设计的合作模式进行运营，都要把商业利益最大化的天平倾斜到苹果公司一边。

你看到了吗？你能看多远就能走多远。摩托罗拉曾经是世界通信业的领导者，今天却风光不再。在我们的记忆里，第一款大哥大是摩托罗拉，第一款 BP 机也是摩托罗拉，摩托罗拉大学曾经被业界奉为楷模。如今却被创立仅仅数年的谷歌公司以 125 亿美元收购。

当摩托罗拉在第一轮的竞争中被诺基亚打得节节败退之际，企业开始陷入亏损的泥潭，不得不引进麦肯锡咨询以求生机，希望获取新的竞争优势。将摩托罗拉品牌改成 MOTO，据说是为了使其品牌焕发出年轻时尚的色彩。

但是，这样的行动并没有解决根本的问题。这样的变革，仅仅停留在表面，摩托罗拉根本没有看到行业深层次的财富转移去向。

与之相反，苹果的成功并不是一款手机产品的成功，而是乔布斯看到了

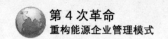
未来，在移动通信领域发动了一场前所未有的革命，苹果是不战而胜，甚至可以说乔布斯不是为了改变通信领域技术，而是为了改变人们的生活方式。

你看到了吗？这场变革不会因为乔布斯的去世而终结，这场变革将会持续、深刻影响整个商业世界。

过去，电信运营商赢利主要靠话费；现在，更多的利润不仅仅来自话费，而是增值服务；未来，有没有一天话费也会消失。只有我们看到了未来，才有可能在今天进行正确的变革，因为这样才可以保证企业的命运掌握在自己手中。

能源领域的新革命

工业革命共发生过三次：第一次是蒸汽机技术革命；第二次是内燃机与电力技术革命；第三次就是计算机与信息技术革命。每一次技术革命，都推动着人类社会向前迈进一大步。如今，我们正面临着第四次工业革命——新能源革命。

让我们看看电力行业的变革。现在，电网公司的赢利方式主要靠什么？答案是电费。更多的发电企业的电力输出是靠电网运营商。那么，未来发电企业会不会成为区域的能源供应商？电网公司的发电收入会越来越少，不再仅仅依靠单一的输配电力赢利？这就是变化的根本。

新能源技术长足而迅猛的发展是第四次革命的引擎，互联网络和信息技术的配套应用，是这次革命的平台，而商业模式的重塑，才真正是这次革命的本质。本书意在透过管理和技术的表象，揭示能源领域特别是电力行业正在发生的深刻的商业革命，并提出应对乃至引领这次革命的经营之道。

本书的结构与逻辑

互联网正在颠覆传统的商业模式，引发新一轮商业世界的革命。智能电网时代的到来，新能源的崛起正在使财富由"黑金"变成"绿金"。

新经济时代的革命风暴已经袭来，企业管理者必须重新思考，重塑新经济时代的管理哲学，以迎接这场革命。在这一背景的驱动下，我想系统地阐述对当今企业战略转型的思考。管理创新已不再是某个点或某个环节的问题，而是一个整体的系统进化。本书用了八个章节系统地阐述了管理创新的逻辑。这八章是有机联系的整体：

第一章"让我自己发电"揭示了第四次革命引发的能源行业格局的变化——分布式能源导致消费者消费能源方式的变化，从而揭示整个营商环境的巨变，推导出企业及时转型的历史意义。

要想实现转型，首先应从传统的"以产品为中心"转向"以客户为中心"的思维方式。第二章"不仅仅卖电"指出能源企业如何从传统的"能源供应商"转向"能源优化解决方案"的服务商。

那么，要想卖服务，而不是卖产品，就要彻底地再造管理流程，通过第三章"从客户端开始"描述将企业的流程再造，从传统的企业内部出发转向从客户端开始进行流程再造，并重构企业的组织架构体系。

但是，仅仅理解了以客户为中心，以及流程再造还不够，因为这并不能

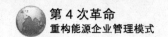
保证企业在未来能够持续地获利，由于财富发生了转移，导致企业必须进行商业模式的创新，第四章"免费的商业时代"解读了能源行业赢利方式可能的变化，并用大量的文字阐述了合同能源管理模式。

商业模式的创新，并不仅仅指赢利方式的创新，还需要有更广阔的视野，从战略的角度进行系统思考。第五章"在虚拟中务实"里我们探究了商业世界从工业时代进入知识经济时代的战略逻辑，从价值链到价值网，通过开放的立体新思维，知识的共享，信息的链接，打破旧秩序，重构新模式。

在长期的咨询实践与工商管理教学中，我听到很多企业都提出了"国内领先，国际一流"的战略愿景。但是，在现实的商业实践中，在创新的道路上，却又因循守旧，故步自封，人云亦云，缺乏打破旧秩序的胆量和勇气。经常搞些莫名其妙的对标管理，我真不理解对标如何对出个一流。第六章"不仅仅是对标"揭示了管理的最基本哲学，以及创新的原理与方法。

尽管如此，伴随着企业的规模不断扩大，国际化的征程，以及短期的效益的压力，很多企业陷入了国际化、多元化的泥潭不能自拔。集团化公司的集约化、一体化，成为重要的课题。在第七章"集约化向何方"中，我们通过集团化企业的研究，希望能为多元化企业的集约化找到方向，从而实现企业资源的有机整合，提升多元组织的协同效应，更好地创新竞争优势。

第八章"重塑品牌观念"是以上七章的基础，是企业追求的境界，也是基业长青的基石。如何成为卓越的品牌，是国内企业一贯的追求，但是，品牌的管理却处于初级阶段，这就要重塑品牌管理理念，揭示创建品牌卓越的根本法则。

在本书最后，我写了《有爱就有未来》，希望更多的企业高瞻远瞩，胸怀天下。关注社会问题，放眼世界，勇于承担起社会责任的企业，才能达到经营的更高境界。

>> 目录

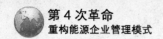

第一章　让我自己发电

化石能源的危机，生态环境的恶化，必将激发人类积极探索可再生能源的动力，并发动一场全人类的绿色革命，这一切都将重构整个能源格局，重塑我们的生活方式。

这也必将引导我们积极探索打破传统的管理思维，重构新的管理哲学思想。这场革命深刻而持久，如果我们还没有感受到这场革命风暴的来袭，我们就会在未来的竞争中被革命。

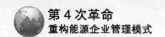
　　过去，我们写好了一封信，必须到邮局，贴上邮票，塞到邮筒里，经常还要等上一段时间才能得到收信人的回复。而且，那时我们多人共用一个公共邮箱，统一的邮政编码，邮政公司的邮件业务也是收入的重要来源之一。

　　互联网的出现则彻底颠覆了这一运营模式，改变了我们的沟通方式。现在，我们每个人都有自己的电子邮箱。我们无须再到邮局寄信或贺卡了，更不需要支付邮资了，而且还省去了到邮局寄信所花费的时间等成本，更重要的是通过 E–mail（当然，还有飞信、微信、QQ、MSN 等）可以即时发出信息，并获得反馈。这一切也让曾经为我们服务的邮政公司防不胜防，因为它们在数年前做梦也没想到在剥离电话业务后，传统的信函业务已基本无法获利了。

　　同样，传媒业也在发生着革命性的变化，过去的新闻都由被誉为"无冕之王"的记者来写，通过媒体集中式传播，受众只能被动接受。今天，互联网的发展，颠覆了这一格局，使传媒业从集中式走向分众式。每个人都可能成为新闻记者，而且还能发出实时的报道和评论，甚至左右着事态的发展和进程。这种民主的、个性化的、多元的、即时的传播方式，正在引发着一场革命，颠覆着传统媒介的运营模式。

走向产消合一的时代

整个商业世界发生着前所未有的变化，从传统的集中式走向分众式；从即时供应走向即时响应；而且，还能双向互动，产消合一（生产与消费者的合一）。

如果说我们现在自己可以寄信了，而不用依赖于邮政的网络，我们现在可以通过视频聊天，不用再支付话费了，那么，为什么我们不能自己发电，不再依赖电网公司的集中式供电呢？这不是一个狂想，现在就让我们看一下电力行业的演进吧，或许这样能探究到未来格局的变化。

在美国，有些客户已经将风能发电中剩余的部分向外输送，并且卖给当地的公共事业公司。根据美国能源部所介绍，按照1978年制定的公共事业公司管理政策法案，公用电力公司必须从那些发电机达到要求的家庭购买剩余的电力。也许卖出的电量非常小，却表明了角色的互换性，以及产消合一的特征。

让我们假设这样一个例子：小芳购买了一些多晶硅太阳能板，安装在自家的屋顶上，用于自家的供电，毫无疑问，卖给她多晶硅太阳能板的那家公司把她看成客户或者消费者，但是，小芳的这种购买行为不仅仅是消费，或许会成为一种资本投资。如果小芳自己发电供自家使用，那她就是一个消费者，自产自销，自给自足。小芳这时所创造的价值就是隐性经济的一部分。进而，如果她将自己发的电用不完的部分卖给当地的电力公司，她就成了能源的生产者了。

试想，未来的先进技术通过互联网可以共享，更多的技术掌握在了消费者的手中，消费者又是生产者，这就会导致能源行业深刻的革命。如果许多

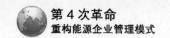
能源专家的观点是正确的话，下一个伟大的飞跃就是，由燃料电池技术所提供能源的汽车和家庭，将把剩余的能源卖给公共事业公司。大型的汽车制造公司已经投资了数十亿美元用于燃料电池的研发。

落基山研究所的"能源想象家"艾默里（Amory）和亨特·洛文斯（Hunter Lovins）长期以来一直憧憬这种"软能源"经济。据艾默里所讲："当你把一个燃料电池放在一辆超轻型轿车里时，你的车里就有了一个 20～25 千瓦的发电站，而这辆车的行驶时间是 4%，非行驶时间是 96%。为什么不把这些燃料电池车租借给办公大楼里工作的人呢？"

在这种情形下，你的车不用时就插进了办公大楼的电源库。车子在发电的同时，你就把这部分的电卖给高峰期用电的电网。洛文斯说，从燃烧汽油的重型汽车转型到燃料电池的轻型汽车最终会将国家电网的发电能力提高"五六倍"。

让我们再看看智能电网将如何改变我们的生活方式吧！

智能电网引发变革

智能电网时代，更多地以提供信息技术服务的企业进入电力行业，也在不同程度上引发着行业的变革，改变着传统电力公司的经营模式。

美国一家叫"蔓"（Tendril）的公司，就和一家叫"可靠能源"的电网公司，共同建立了新商业模式，以节约电能。"可靠能源"公司（Reliant Energy）的商业模式，就是和电力公司签订合同，以固定价格收购固定数量的电能，再转售给美国得克萨斯州的 180 万用户，从中赚取利润，年收入达 120 亿美元。

它平时买电的价格是固定的，但到了用电高峰期，比如天热，大家都开空调，"可靠能源"公司就不得不从现货市场上高价购买电能。高峰期发电成本比平时发电成本高，这部分额外购买的电能，最高可能加价60%。如果"可靠能源"公司不能说服用户为加价部分付费，它的利润就会被削薄。

更糟糕的是，如果用户不为加价部分付费，他们在高峰期就不会节省用电，令高峰期用电量居高不下。"如果你知道，下午5点甩干衣服要花3美元，而等到晚上8点只要1美元，你会怎么做？"可靠能源公司CEO雅各布斯问。

要做到这一点，那就得即时记录用户用电情况，并让用户即时知道自己每时每刻所支付的电价是多少。蔓公司花费四年时间，用2000万美元搞出这么一套新玩意儿，来解决这个问题。"可靠能源"公司甚至特意布置一栋房子来展示它。"蔓"很幽默，把这套系统叫"树"（TREE，住宅能源生态系统，Tendril Residential Energy Ecosystem）。

关于"树"，让我来为你解释一下。通过"手持显示器"（英文名叫Insight）与"智能电表"数据相连接，让你即时了解用电情况；同时还可以显示电网公司传来的电价。这样就可以即时计算出电费。

此外，你还可以通过手持显示器了解家里每个电器的用电情况，并可以开关它们。这是因为，家里每个电器和电源之间都安装了一个"智能插座"（Volt），并且通过无线网络把每个电器的用电情况，传递给"手持显示器"。现在，如果你把空调温度调低几个挡，"手持显示器"就会发出警告，提醒你这个月得多花100美元电费。

2008年11月，可靠能源公司在民宅中安装这套系统，希望把高峰期昂贵的电费，转移用户头上。你家里用电的信息，通过互联网传输到"蔓"公司的服务器上，再由此连接到电网公司，进行数据互换。而且，就算你在办公室或任何地方，只要用计算机或iPhone手机上网，访问"蔓"的服务器，

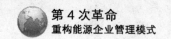

就可以了解并控制家里电器的用电状况。

"手持显示器"还会记录用户的历史数据，用户可以观察自己过去的用电恶习，从而改善用电习惯，省钱环保。这些详细的用户使用习惯的资料，还可以帮助电网公司更准确地预测电力需求，减少不必要的浪费。

根据美国能源部计算，如果美国家庭用上"树"系统的设备，高峰负荷可以减少大约15%，将节约兴建新电厂与配套基础设施费用近700亿美元。

"蔓"公司的盈利模式设计中，其收入来源有两部分：一部分来自于设备销售，由电网公司购买"树"系统设备，价格为每套100美元，电网公司再免费或以折扣价卖给其用户；另一部分收入来自于"网络运营费用"，也由电网公司支付，每月每用户1美元。

"蔓"公司CEO何德里安·塔克（Adrian Tuck）预测，在2011年之前，公司收入可以从2008年的1000万美元达到1亿美元，每年将有成千上万用户安装该公司产品。"蔓"公司透露，它正在和5家电网公司开展这一项目。还和其他20多家的电网公司谈判，其中，已有9家开始对其硬件和软件进行测试。也有专家认为，其设备最终会在大型商场出售。

"蔓"公司是一家虚拟的企业，通过构建多方利益的信息平台，重构了电力企业、相关利益者与消费者的关系，再造了电力企业的营运方式，从而创造了良好的社会效益与经济效益。

智能电网将如何改变我们的生活

想象一下，建立智能电网后，电力供求是双向的，如果家里安装了小型发电系统，你可以把电卖给国家电网；电力资源将会被整合、优化分配，你家里的电可能来自于邻居屋顶上的太阳能电池，当地镇上的生物量发电机，或是 50 或 100 英里以外的传统电厂；你还可以使用一种叫做"智能电表"的软件来节约电费，通过这个软件，你可以得到节能建议和实时的价格信息，整合家用电器的使用时间和频率，让你家里的电器低电价时段启动运行、高电价时段停止工作，从而避开用电高峰期的高价格电力，降低电费费用……

时间差给消费者带来的是经济效益。据谷歌的研究显示，如果家庭用户能够及时了解家用电器的耗电详细信息，就会使自己每月的电费开支下降 5%～15%。美国科罗拉多州波尔得（Boulder）是全球第一个全面架设智能电网的城市，那里的居民发现，不用牺牲任何生活便利，也能将电费降到每月 3 美元。

在实现智能电网的城市，人们支付的电费从过去的数百美元，降到 3 美元。那么我们是否可以这样理解：在中国一旦实现智能电网，我们可以将每月数百元人民币的电费，降到 3 块钱。这其实就意味着电网靠单一电费赢利的时代将会终结。

如果我们到电器商场看看，就会发现很多电器都有智能模式了，譬如：AO. 史密斯电热水器、西门子电热水器，如果在智能电网的模式下，你可以选择电热水器的智能模式，它不仅可以记忆你的用水习惯，还可以对智能电网的实时电价做出反应，它可以让你的电热水器在低电价时段启动运行，高电价时段自动关闭，达到你生活所需，同时又能为你节约电费。这不仅仅是一个新产品上市，还预示着一个时代的到来。

智能电网不仅关系到我们的钱包，还关系到我们的碳排放量。美国能源部太平洋西北实验室（PNNL）发布的一份名为《智能电网：能源与二氧化碳收益评估》的报告称，如果智能电网能被利用充分，美国每年可以削减碳排放 4.42 亿吨，相当于 66 座普通燃煤发电厂产生的排放量。这些电厂的发

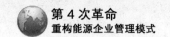

电量足以供给 7000 万户家庭。而在 2030 年前，智能电网可将全球每年的电能消耗，以及公用事业部门的碳排放削减至少 12%。

ABB 北亚区及中国总裁方秦曾表示："智能电网为建设一个低碳输电系统带来了巨大契机。通过降低化石燃料消耗来减少全球温室气体排放的需求意味着需要更多的分布式发电，更多的风电和太阳能等可再生能源发电，以及一个可以接收并输送可靠电力的双向电网"。

不管具体的形式如何，这一变化将会改变电网的传统的经营方式，电力的供应也将从集中式走向分众式时代，尽管两者有可能并存，但实质却发生了变化，这就是今天电力行业谈到的分布式电源。

高度分散化的能源系统代替集中化的能源系统，家庭、工厂、办公室和其他建筑群都联上网，相互交换能源，而来自大型的、污染严重的、集中化的、长途跋涉的供电则越来越少。随着能源技术的发展，更多的房屋及建筑将有能力自己生产能量。分布式电源不只是在寻找新的发电方法，它还会使现有的技术更加有效。

能源行业界限的拆除

西门子对智能电网的愿景是打造一个全新构想和管理下的供电网络。过去的静态电网运营模式将转变为一个"动态"的结构，在电力的生产者和消费者间实现灵活、透明、快捷的通信。智能电网解决方案的关键驱动力量在于可整合分散的电力资源（如可再生能源发电）；电力市场的建立、加强电能交易；通过优化使用现有容量和资源减少电网运营成本；为电力消费者提供透明的能源使用信息。

西门子、诺基亚、ABB 和赫尔辛基 Energia 公司将在芬兰首都赫尔辛基新 Kalasatama 地区共同开发，测试并安装大型智能电网。该公司将开发各种解决方案：（1）确保该地区生产的可再生能源（包括太阳能电池板和风力发电机）可以进入到市场；（2）电动汽车可以通过电网充电也可以向电网放电；（3）储存能量；（4）创造方便使用的服务，提高配电的灵活性和透明度。总之，所有这些方案都是为了降低电力消耗和排放。

该项目是赫尔辛基市一个更大项目中的一部分，这个项目旨在提高发电、输电、配电效率的同时减少对环境影响。

智能电网、新能源时代的到来，将彻底打破原有的行业界限，电气公司、网络公司、移动公司等，都开始迈入能源领域，能源行业之间的界限也将变得更加模糊，石油公司、电力公司、新能源公司等也开始跨越边界，进行新能源领域的探索与合作，全新的能源格局正在形成。

华东电网有限公司战略研究与法律事务部主任李瑞庆曾表示："我们对互动的观点实际是开放的，这是不是未来智能电网投入的重点方向？智能电网不见得是电网公司一家的事，是新能源、新客户、新电网互相促进、协调发展的过程，也不是只有插座接入了互联网才叫做智能电网。应该说谁做得最经济，谁就有优势，这里有一个竞争和互补的关系。"

智能电网是世界性的新产业革命的竞争，更为开放地说，并不只是完全由电网公司主导的事情，包括电信等其他行业也同样存在很大的机会，机遇才刚刚开始。

智能电网技术标准不仅对物联网技术、互联网技术以及信息技术进行了有机的结合，还将使集成技术得以更为广泛的应用。业内人士分析，这会引发现有输变电产品，尤其是一两次设备突破原来的界线而互相渗透，使常用的开关设备、输电线路、变压器产品融入一些智能化的元素，如可以实时监控、可以实现对出现的故障进行简单处理等。这自然也将打破设备制造业原有的市场格局，引发新一轮制造业的市场竞争。

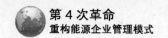
新一轮世界能源变革的目标是通过科技创新，实现以低碳能源为核心的低碳经济。伴随着智能电网时代的到来，这将彻底打破传统的能源格局，颠覆传统的商业模式，改变人们的生活方式。

GE 迎接智能电网的挑战

美国通用电气（GE）在 2011 年的"智能能源论坛"上，介绍了其在世界各地开展的大规模智能电网实证实验。

在美国仅大型项目就有夏威夷茂宜岛、佛罗里达州迈阿密及密歇根州等多个项目。茂宜岛项目名为"茂宜智能电网项目"。该项目的目标一是高效整合各种可再生能源，到 2030 年将其在所有能源中的比例提高到 40%，二是将电力需求峰值减少 15%。

通用电气将为该项目提供：（1）为平衡发电量和电力需求，确保电压稳定的系统；（2）可再生能源利用率的预测系统；（3）储存及利用剩余电力的系统；（4）智能电表；（5）可控制用电量的"智能家电"；（6）包括风力及燃气轮机等在内的综合发电设备，等等。

美国通用电气（GE）公司的迈阿密项目"能源智能迈阿密"是以 100 万户家庭为实验对象。据称，该项目从美国经济刺激政策中获得了 2 亿美元的补贴。其目标是创造 800 ~ 1000 个"绿色"就业机会等。通用电气称，除提供 100 万部智能电表外，还将对需求响应及分散型电源等进行实际验证。

通用电气在密歇根州推进的是"密歇根州示范项目"。实验的目的是利用配备有无线通信标准 WiMAX 及新一代移动通信系统的智能电表，实时确保电网整体的效率和可靠性。对于该项目，通用电气也将提供智能电表、通信安全功能及输配电管理系统等。

美国以外的地区，通用电气提到了扬州"智能电网展示中心"项目。该项目用于对停电和恢复供电的管理系统，以及经由家庭内部监视器的电力需求管理系统等进行实际演示和验证。项目分阶段进行，计划 2012 年在整个扬州市展开。

按照 GE 未来的发展规划，GE 的数字能源将以发电、输配电、商业化和工业化、住宅和社区四块为基础，重点发展核心业务，拓展新业务。例如，可再生能源的集成、分布式发电、变电站数字化、智能电网、智能家电能耗监测、账单自动化、分时电价等业务。

GE 美国总部启动了一个"让电网更强大"的挑战赛，目的是集全球智慧寻求创造能源、传输能源、使用能源的新技术、新创意、新方法，打造更加智能化、更清洁、更高效的电力网络。

当今世界发电主要依靠传统的火力发电，然后通过变压器将电能升压后再传输，最后再降压成居民常用电压。这种技术已经用了 100 多年。现在太阳能、风能、生物质能均可发电，并适用于小规模发电。这种分布式发电和传统统一发电统一输送的模式不同，这意味着未来电网将出现新的模式。

第四次工业革命

工业革命共发生过三次：第一次是蒸汽机技术革命；第二次是内燃机与电力技术革命；第三次就是计算机与信息技术革命。每一次技术革命，都推动着人类社会向前迈进一大步。如今，我们正面临着第四次工业革命——新能源革命。

而此次工业革命的宗旨，就是要大量创造出新的可再生能源。过去以炭燃烧为基础的工业模式已走到了转折点，必须改变。2009 年 2 月，美国总统奥巴马发布的《经济复苏计划》中提出，总计投资 110 亿美元，建设和安装

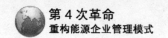

各种控制设备的新一代智能电网。

中国政府也正在积极采取相应措施。国务院副总理李克强曾在 2009 年 4 月的一次讲话中指出："新能源产业正孕育着新的经济增长点，也是新一轮国际竞争的战略制高点，当前国际金融危机为新能源产业发展带来了机遇，要把发展新能源作为应对危机的重要举措。要加强政策引导扶持，促进风能、太阳能、生物质能发展，推动新能源汽车、节能建筑和产品的广泛应用，加快用新能源和节能环保技术改造传统产业，推进能源乃至整个产业结构的调整。"政府已经把能源提高到国家战略的层面，开始投入力量引导推动。

对中国而言，新能源革命的要求一是"新能源"的导入，如风能、水能、太阳能、核电等。在新能源规划中，政府对新能源使用做出了重大安排，将投入大量资金来推动新能源的发展。二是能源的传输。能源一个重大的难题就是传输问题，中国应该尽快进行智能电网的建设，智能电网要满足各个可再生能源的接入。三是中国的能源传送网络要满足"一网多道"的要求，把送电网、通信网、数据网、电视网合一，这将极大地提升中国整个社会的智能化水平。四是加快新技术的突破。新技术包括二氧化碳的捕捉与封存技术、清洁煤技术、减量化技术、再利用技术、资源化技术、生态恢复技术、储能技术等。储能技术的代表就是电池，发展电动汽车最核心的问题就是电池充电问题；还有一个重大的应用领域就是建筑，中国应在全国一些城市中启动绿色建筑计划。

还有最重要的一点，就是要用经济机制来推动新能源革命。节能减排亦或降低温室气体排放，都需要靠经济的手段。那些肆意排放者应该加以惩罚；那些投入成本降低排放者，则应给予补偿。

麦肯锡全球资源材料部的一份报告给出的结论是，如果美国制定出能够解决资源利用率问题的综合计划的话，将节约价值超过 1.2 万亿美元的能源，到 2020 年，能源损耗将减少 23%，每年将减排 11 亿吨的温室气体。

风险资本市场的投入，可谓是一个风向标，2008 年，硅谷在清洁能源上的投资接近 19 亿美元。根据 2009 年硅谷指数，尽管全球金融危机已经给许多行业带来巨大的衰退，尽管 2007~2009 年硅谷总的风险资本投资下降了将近 8%，但硅谷在清洁能源技术上的投资在 2007~2009 年间增加了 94%，而这个行业的就业情况从 2005 年以来也增加了 23%。在全球范围内，2002~2009 年在清洁能源上的风险资本投资增加了 10 倍，达到了 84 亿美元。

改变世界的力量

电影《华尔街 2——金钱永不眠》里，年轻的华尔街交易员雅各布热衷于投资绿色新能源，当他听到新能源研究博士说实验有新进展时，他兴奋地说道："太好了，这将改变一切！"

是的，新能源将改变一切！

继 20 世纪 80 年代的计算机繁荣，90 年代的网络繁荣，21 世纪初的生物纳米技术小繁荣之后，这个世界的企业家们又在寻找下一次繁荣。他们认为已经找到，那就是新能源——改变世界的力量。

随着石油和煤炭的过度开采，能源涨价，碳排放增大，全球变暖，环境污染，各国政府都在对新能源进行优惠和补助，一切旨在加速能源的更新。

风能

风是一种永不枯竭的资源。作为清洁能源的风，不但利用简单，而且也

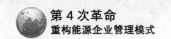
不会对环境产生污染，成本又低，因此越来越受到国际上的重视。

在丹麦，全国差不多有 5000 多台风车在运转着，总装机容量达 320 万千瓦。如果风速能达到 10 米/秒的话，这些风车所发的电几乎能满足所有家庭高峰时期的用电，人均风力发电量更是达到了世界的第一。

丹麦的风能行业已经成为了第二大出口行业，仅 2008 年丹麦向全球输出的风能技术相关业务总额就达到了 57 亿欧元，占丹麦总体出口额的 7% 左右。目前丹麦有 17% 的能源来自于风能、生物能等新能源。面积不足 5 万平方公里的丹麦王国在过去的 25 年里，经济增长迅速，而传统能源消耗总量却基本没有变化，这也是风能发电所创造出来的奇迹。

驾车去西班牙托莱多港的路上会看到一大片白色风车，这些风力发电机已经使西班牙成为欧洲利用风能程度最高的国家。通用公司估计到 2012 年美国一半的新发电站将采用风能，到 2020 年风能将占美国总发电量的 15%，世界风力发电正以每年 30% 的速度增加。荷兰式风车房屋将成为一种住房能源一体化自足供给方式。

太阳能

现阶段风能切实可行，但未来更有前景的应该是太阳能，现在已有众多利用太阳能的方法。太阳能热水器、太阳能屋顶、太阳能幕墙，未来还将有太阳能公路、太阳能电车。

弗莱堡（Freiburg）是地处南德的小城。这里有一栋会转的房子——太阳能建筑大师罗尔夫·迪希的"向阳屋"。整栋建筑被安装在一个圆形的底座上，用一个小型的太阳能电动机带动齿轮，房子以 15 度/小时的速度跟随太阳转动，从而提高采光并降低采暖需求，当太阳下山后，房子会反向转动，回到初始位置。安装于屋顶的双轴追踪式光伏发电板，可在计算机的控制下，独立于建筑随着太阳转动。该系统一年产生的电量可达9000千瓦时，是该建筑消耗电能的5倍。

自2006年以来，德国的光伏发电装机容量稳居全球第一。截至2011年年底，其装机容量已高达25吉瓦（GW），比位居次席的意大利高出一倍。光伏发电能的发展得益于德国政府在过去20年间，对可再生能源利用的大力扶持。

未来汽车

几年前，专家们还在预言，燃料电池将取代内燃机（燃料电池是将氢和氧的化学能通过电极反应转换成电能或直接驱动发动机）但是氢气容易泄漏，而且制造成本高，用水电解比较环保，但是耗电量大，能效比低。与其如此还不如直接充电，这正是目前的发展潮流。今天，你再也听不到氢经济或燃料电池。今天世界的流行词是充电混合动力车，最终目标是完全用电力马达驱动汽车，充电车正迅速从概念变为现实。

1997年丰田第一辆混合动力车上市，丰田公司也计划推出充电版的普锐斯；2008年3月，埃罗·穆斯克的电动跑车TESLA开始批量生产，TESLA是纯电动跑车一次充电可以行驶350公里，通用公司计划2010年推出的混合动力车VOLT，2008年10月，比亚迪展出号称续行里程全球之最的E6，并于2009年4月量产。

若干年后的将来又会怎样，直到有一天能源变成绿色的，工厂密封生产不再污染环境，地球将再次变得纯净自然、青山绿水、风光旖旎。那时的人们开着电动车，到处旅游，无线办公，无线操纵各种机器人工作，人们变得更加时尚漂亮，生活充实，更富有创造力。共同保护这个还要留给子孙的星球，这是一个变革的时代，一切皆有可能。

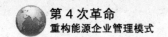

如果保持现有能源的供给结构不变，那么随着传统能源日益稀缺，能源价格将来一定大幅上扬。而现在投入使用新能源渐渐成熟，伴随着技术的进步，价格也会越来越便宜。新能源代替传统的能源是未来的趋势。

丹麦电网公司的负责人就曾经说过一句相当经典的话：我们不需要等到石油能源枯竭时才去改变，石器时代并不是因为没有了石头才结束的。

在人类未来的发展道路上，全世界面临最大的挑战是怎样找到经济发展和生态平衡兼顾的模式，在分享高科技的同时，也给后代留下可持续发展的环境。

眼前的现代化生态城

2010 年 4 月 7 日，我国首个智能电网综合示范工程——中新天津生态城开工，生态城管委会出资 1 亿元支持智能电网建设。这是中国、新加坡两国政府战略性合作项目。生态城市的建设显示了中新两国政府应对全球气候变化、加强环境保护、节约资源和能源的决心，为资源节约型、环境友好型社会的建设提供积极的探讨和典型示范。在智能电网工程涉及的中新天津生态城电网规划中，包括太阳能、海水发电、风能在内的各种可再生能源的替代电量约占整个生态城用电量的 24.62%。其中，太阳能发电将达到 4 万千瓦，生物质发电将达到 1 万千瓦，风能发电达到 12.5 万千瓦。

2012 年，随着首批居民入住，生态城太阳能发电、风力发电、太阳能供热水、地源热泵四种绿色能源已经陆续投入运行，为居民带来低碳舒适的生活体验。

按照生态城总体规划，区域内 100% 使用清洁能源，可再生资源利用比例将不低于 20%。为此，生态城努力探索市场化的、可持续的建设运行机制，推进风能、太阳能、生物质能等项目建设，建立新能源与常规能源相互衔接、相互补充的能源供应体系。

生态城实施了"金太阳示范工程"，建成和推进服务中心停车场、污水厂氧化沟盖、中央大道绿化带、动漫产业园、北部产业园和北部高压走廊等光伏发电项目建设，成为国家首批光伏发电集中应用示范区。生态城在蓟运河口建成了拥有5台风电机组的风电场，还在区域内多条道路上建设了风光互补路灯，在一些建筑物的屋顶上建设了风力发电设备。此外，生态城内所有住宅都安装屋顶太阳能光热系统，做到所有用户都能用到太阳能热水，满足住户不少于60%的热水需求量。

截至目前，生态城光伏发电总装机容量12.3兆瓦，风电装机容量4.5兆瓦，利用风光互补的路灯近2000盏，地源热泵建筑应用面积达50万平方米，太阳能热水住宅应用面积达300万平方米，极大地节省了能源使用。

以前，公共事业中很多行业都是相对独立的，比如供水、供电和供热都有自己的系统，每一套系统都有自己的体系和服务热线。

但是生态城的能源公司就集合了水、气、热三项服务，体制上就进行了创新，这些就给后期服务部门提供了高效率的基础。能源公司把这么多服务集成起来，用一条热线电话覆盖，而且，受理时限和处理时限都参考前沿标准进行了规范。过去很难评价服务质量的好与坏，但现在能源公司通过硬性规定来规范服务，接受社会的监督，提高服务水平。

绿色即美钞

GE总裁伊梅尔特在2005年提出"绿色创想"战略之初就提出"绿色即美钞"的口号。2009年，GE具有环保优势的产品和解决方案给GE带来了180亿美元的收入。

GE 在公司运营过程中，温室气体排放量较 2004 年减少 22%，温室气体排放强度减少 39%，运营成本减少了 1.3 亿美元，绿色创想相关环保产品累计销售额高达 700 亿美元。可见创造绿色价值的商业逻辑同传统商业逻辑是一致的，绿色价值的创造解决了客户面临的来自环境和社会的新问题。

企业必须持续地解决可能出现的社会问题和环境问题，例如，自然资源的供给、水资源的利用、生产过程的能耗与物耗、员工的健康和安全、工作条件和工作场所的公平待遇等。这些在传统商业逻辑中被忽略的要素正是企业创造共享价值的机会。

总而言之，当环境问题、能源危机问题成为制约社会、企业发展的首要问题时，由此而带来的绿色商机将成为现在和未来企业追求的标签。

世界银行预计，2012 年全球的碳排放交易额将达到 1500 亿美元。最新的预测数据显示，到 2020 年全球碳排放交易额会达到 3.5 万亿美元，或将超过石油市场，成为最大的能源交易市场。

奥巴马也及时实施"能源新政"，推出"碳关税"。美国新任能源部长朱棣文曾在一次讲话中提到："能源新政"会抬高美国企业的运行成本，美国政府要对没有履行减排义务的发展中国家企业加收"碳关税"。这一举措最终能否实施尚不可知，故这一费用也不好测算，但一旦开征，将是很大的一笔收入。

更为现实的是，能源作为一种生活的必需品，现在已具备了"通货"的一些基本特征，在理论上已可作为计量工具、支付手段、偿债工具，因而"能源量"就有可能被塑造成为一种新型货币。美国人可能希望以后的世界经济能够实现双轮驱动：在依托使用美元纸币这个轮子的同时，还要依托"能源量"这个新轮子。

BP 的新能源战略

"石油早晚有一天会卖光的。"这是众多大型石油公司的共识。为此，最近几年很多大型的石油公司从战略角度出发，纷纷开展新能源与可再生能源的探索，希望能够减少世界对传统化石能源的依赖，减轻越来越重的环境压力，并为公司未来的可持续发展奠定基础。

自 200 年前爆发工业革命以来，人类一直依赖于矿物燃料。这种状况可能很难改变。不过，并非人人都如此悲观。在一些志同道合的物理学家、生物学家和工程师的想象中，一个矿物燃料被取代的世界正在形成之中。正如有关报告所阐述的那样，终结矿物燃料经济的计划眼下正在制订之中。

替代能源听起来好像是一个逃避现实的工具。风车和太阳能电池似乎难以产生足够的电力，无法向一个繁忙的世界提供电能。电动车则像一个摆设，看起来更像一辆送奶车，而不是一款新型的玛莎拉蒂跑车。但是，新能源的倡导者却是认真的。他们之所以为一些新点子投入资金，是因为他们认为这能赚得更多。为了取代矿物燃料，替代能源需要与其所取代的能源一样廉价（甚至更廉价），一样好用（甚至更好用）。

一些持乐观态度的人希望，随着替代能源一一被郑重地推出，它们的兴起将是不可抗拒的。其实，一些人认为，替代能源将成为比信息技术的规模还要大的一种繁荣的基础。

BP 总部设在英国伦敦，公司的主要业务涉及油气勘探开发、炼油、天然气销售和发电，等等。

当英国石油公司宣布重新定义其简称 BP 为"超越石油"（Beyond Petroleum）时，它的竞争对手都很恼怒。因为这似乎暗示着 BP 正在引领着化石

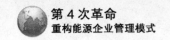
能源向可再生能源的转变。

在众多大型石油公司当中，BP 是最近几年在新能源领域里探索最积极的公司之一，2005 年 BP 公司建立了 BP 替代能源公司（BPAE）。

2009 年 12 月，埃克森美孚宣布将以 410 亿美元收购美国最大的天然气生产商 XTO Energy，这是埃克森与美孚 1998 年宣布合并以来公司实施的最大并购案，表明该公司战略发生重大改变。

BP 石油全球 CEO 托尼·海沃德最近表示，从页岩中提取天然气的新科技，完全改变了美国的游戏规则，可能会改变美国未来 100 年的能源前景。在新能源强大的政策推动下，天然气成为传统能源巨头向"绿色"转身的第一个争夺战。

BP 是最早在北美进行天然气布局的公司之一。2008 年，BP 石油先后出资 17 亿美元、19 亿美元购入 Chesapeake Energy 位于俄克拉荷马州的资产，以及费耶特维尔页岩项目的 25％ 股权，这两项交易将帮助 BP 获得在世界各地开发页岩气资源的专门技术。挪威国家能源公司和意大利石油公司埃尼也都先后入股美国天然气企业。

在开拓新能源的实践中，BP 已经制定了宏伟的蓝图。在生物能源方面，BP 公司于今后 10 年内将投资 5 亿美元，建立能源生物科学研究院。BP 公司选择 10 年内投资 80 亿美元，用于发展太阳能、氢能、风能和生物能源等，新能源将构成 BP 未来实现超越石油梦想的基石。

80 亿美元，这是 BP 承诺到 2015 年向可替代能源投入的金额，这种投资规模在全球所有能源企业中也是最大的。其实，如果要追溯历史，BP 前 CEO 约翰·布朗是首个承认二氧化碳排放与全球气候变暖有关的石油领袖，他也因而被誉为"绿色领袖"。在布朗时期，BP 就已经建立了所谓的可再生能源优势，从风能、太阳能到生物燃料及其他可替代性能源。

全球 CEO 唐熙华 2007 年上任，他对 BP 石油在全世界的新能源布局进行了调整，发展可替代能源，"原来的做法是像撒胡椒面一样，现在需要进行规模化运营打造竞争力"。

在太阳能方面，BP 太阳能公司是世界上最大的太阳能公司之一，在美国、西班牙、印度和澳大利亚都有制造工厂，业务涉及太阳能发电系统的设计、制造和销售，遍及 160 多个国家。

在风能方面，BP 替代能源北美公司计划 2007 年在美国建设 5 个风能发电项目，地点在加利福尼亚、科罗拉多、北达科他和得克萨斯四个州。这些项目总发电能力将达 550MW。

在氢能方面，BP 公司作为全球氢燃料示范项目主要参与者，一系列验证项目正在进行中。在能源生物科学研究院中，伊利诺伊大学的作用是开发新的作物，以生产生物燃料。能源生物科学研究院也将研究重质烃类转化成清洁燃料的技术，以及改进现有油气藏回收率和二氧化碳封存的技术。

虽然新能源的风潮席卷全球，但在短期内还不可能指望它贡献多少业绩。不过，除了埃克森美孚一直行动迟缓外，全球四大原油公司中，BP、壳牌、道达尔等都积极地进入风能、太阳能、生物燃料等新能源市场。

单从公司的投资与回报的收益率来看，传统的能源巨头应该以怎样的姿态和节奏向新能源行业转身，比如怎样将短期利益与长期利益相结合，自身的全球能源产品组合应该如何配置？这些问题的解决方式都将直接影响到未来的座次排名。

两个转变的时代意义

世界正在发生巨变。城市越发庞大，在 2050 年之前，世界城市人口将

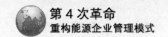

增加到 60 亿人，为现在的 2 倍，占到地球总人口的三分之二。亚洲各新兴市场国家一天有 10 万人涌入城市，全年的总数高达 3700 万人。而另一方面，老龄化的进展也十分明显，在美国，医疗费已经占到了 GDP（国内生产总值）的 16%，德国为 10%，日本为 8%~9%。

而且，要想实现把地球温度上升控制在 2℃ 以内的国际目标，必须要控制二氧化碳排放，把碳生产效率提高 15 倍。为此，能源行业需要在 2030 年之前投资 10.5 万亿欧元。

世界主要城市已经对减少碳排放和提高能源效率的目标做出了承诺。例如，伦敦已经承诺在 2030 年之前，使碳排放比 1990 年减少 60%，雅加达承诺在 2020 年之前，比 2009 年减少 30%，东京承诺在 2020 年之前，比 2000 年减少 25%。为了实现这些目标，目前采取的措施多种多样，但这些措施都需要付出艰苦的努力。

中美两个最大温室气体排放国均在 2005 年 11 月 25 日宣布旨在减缓温室气体排放的数字。当日，中国国务院常务会议最终敲定：到 2020 年中国单位国内生产总值二氧化碳排放应比 2005 年下降 40%~45%，作为约束性指标纳入国民经济和社会发展中长期规划，并制定相应的国内统计、监测、考核办法。这一消息于北京时间 11 月 26 日宣布。而白宫也在 11 月 25 日宣布，美国将承诺 2020 年温室气体排放量在 2005 年的基础上减少 17%。

与此同时，另一个重要的转变就是：整个能源系统正在快速进行转变，"新型电力时代"已经到来。社会发展电气化的 19 世纪是"煤炭的时代"，能源是化石燃料和水力。20 世纪中叶以后，虽然环保意识抬头，但依然是化石燃料、水力、核能等大规模发电为中心的"化石燃料的时代"。

但是，进入 21 世纪，面对气候和人口结构变化、资源减少等课题，过去那些不可持续发展的能源系统必须接受重新审视。结果，把生物质、风力、太阳光、太阳热等可再生能源加入进来，高度注重环保，建立在能源优化组合基础上的"新型电力时代"已经来临。

随着"电力新时代"的到来，发电量的预测也随之改变。如果把2030年世界的发电量看做"基本格局"，那么可再生能源占整体的13%，为3.67万TWh。但是，把可再生能源再增加4%，相应减少煤炭的"绿色格局"为3.57万TWh，能够减少1000TWh。对此，降低可再生能源的成本、拓展供电网等措施是前提条件，并且送配电的形式估计也将向更加复杂、更加多样的智能电网（新一代供电网）转变。借此，电力系统将更加透明，消费者对于切断电源，减少无谓浪费的意识将得到提升。这样一来，不只是能源，电力的控制机制也将随之改变。智能电网已经存在，对于正准备架设供电网的新兴市场国家的城市来说，建设已经变得更加容易。

目前的电网公司，正在面临着一场深刻而持久的革命，这场革命会彻底地颠覆电网的发展方式和电网公司的经营方式。中国国家电网公司总经理刘振亚提出"两个转变"具有划时代的意义。"三集五大"作为转变公司发展方式的核心，将借助变革组织架构，创新管理方式，优化业务流程，全面提高发展的质量和效率。

在智能电网时代到来之际，电力企业的管理者都应该转变观念，重新思考，不断创新，积极致力于发展方式的转变，重构电力企业运营的商业模式。

第二章　不仅仅卖电

　　财富已从"黑金"转向"绿金"，企业要想在未来保持可持续的经营，获取财富，就面临着转型。首先应从传统的"以产品为中心"转向"以客户为中心"的思维方式。未来的电力公司必须从传统的电力供应商转变为能源优化解决方案的供应商，这一转变不仅仅是角色的转变，更是电力公司经营方式的转变。

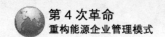
2010 年"中国绿色公司百强"榜单中有 22 家企业因为各种原因在 2011 年下榜。这些原因当中最为致命的是价值观的失守和在核心能力上发生的失信问题；其次是严重破坏良性商业生态、社会生态和环境生态的构建；还有一些企业则是因为"言行不一"、"偏离实业"、"中外政策不一"、"信息披露不力"等原因。当然这其中还有一个重要因素，就是随着"中国绿色公司百强"标准的修订，同行业内部关键绩效指标的比较与评分，使得一些企业的弱势显露出来。

正所谓"千里之堤，溃于蚁穴"，企业价值观容不得半点瑕疵。中国绿色公司百强评价标准把"绿色价值观"看成是评价标准的"命根"。但很多企业恰恰在"命根"上栽了跟头。

积极倡导绿色价值观，推进绿色行动在中国的展开。谁能将世界变绿，谁就能获得新的财富。这就要求我们必须真正了解客户的需求和问题，从"以产品为中心"转变为"以客户为中心"的管理模式。

简单地说"以客户为中心"就是"客户有困难，我们帮助解决"，而且，最好还要让消费者共同参与到新产品与服务的研发过程中来。创新的目的不是发明一个新产品，真正的目的应该是帮助客户实现梦想，带来快乐。

现在很多企业都提倡构建"以客户为中心"的管理体系，但是到底什么是以客户为中心。更多人还会说，就是以市场为导向，满足客户需求这些陈词滥调，这根本不是以客户为中心，没有思维方式的变化，哪来的管理执行的变化。

社会传媒专家戴维·斯科特建议我们想象一个买家的角色："买家角色是成功营销中最基本的要素之一。一个买家角色代表一群具有鲜明特征的潜在消费者，也就是你的产品所定位的典型群体。针对买家角色开展工作，可以避免自己坐在舒适的办公室里闭门造车，而这恰恰是绝大多数失败的市场营销的祸根。"你的产品和服务需要为你头脑中的买家解决问题，真正理解了这些问题，就能从过去的对自身产品自以为是的营销，转变为创造客户价值的营销模式，也就是我们所说的"以客户为中心"。

以此为据，我们尝试着问一些问题，电力公司服务的客户是谁？他们的目标、需求和内心深处的渴望是什么？如果是政府，他们的需求和目标是实现节能减排的目标，实现社会和谐可持续的发展；如果是企业，他们的需求和目标是提升能源效率、降低能源消耗、减少环境污染，同时提升生产效率与企业的竞争力；如果是大众消费者，他们则需要的是便捷的用电方式，以及提升生活质量。那么，我们有了这样的思考，就能从单一的能源供应商向能源优化解决方案供应商转变，从而帮助客户实现他们的梦想。

可以发电的养鸡场

在北京，主妇们耳熟能详的德青源鸡蛋，就是 GE 绿色产品最著名的代表。2008 年 9 月，拥有 GE 能源集团绿色创想认证的颜巴赫燃气内燃机，在京郊北部的大型养鸡场利用鸡粪产生的沼气进行发电与供热。此举开创了中国鸡粪发电的先河。

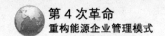

德青源养鸡场位于京郊以北约 50 公里处的延庆县，总规模达到 300 万只养殖鸡，每天产生 220 吨鸡粪以及 170 吨废水。该项目的热电联供系统利用厌氧发酵技术对鸡粪进行科学处理，利用鸡粪产生的甲烷气体作为两台颜巴赫 JMS320GS－BL 内燃机的燃料，可带动总功率超过 2000 千瓦的机组为养鸡场供电。另外，系统提供的热能将用于发酵系统保温，并可在冬天为养鸡场和蔬菜大棚供暖。

北京德青源养鸡场鸡粪发电站的建成，表明中国正在努力寻求以创新性的方式达到经济发展与环境保护的双重目标。此项目每年将发电 1460 万千瓦时，能帮助缓解郊区电力供应的紧张。采用生物质气体来代替传统的燃煤火力发电，此项目一年能帮助减少约 9.5 万吨二氧化碳排放，满足联合国关于清洁能源发展机制（CDM）的要求。

北京德青源养鸡场项目同时也减少了养鸡场的粉尘污染。通过控制空气污染物排放和改善工人工作环境，促进了该地区空气质量及水质的改善。

GE 已在中国开展业务 90 余年。德青源项目进一步展示了 GE 能源集团可为中国市场提供的创新技术和解决方案。迄今为止，已有 1300 多台颜巴赫生物质气燃气内燃机正在全球各地运转。

GE 能源集团中国区总裁温跃忠先生指出："经济、高效的电力和热能供应满足了客户的双重需求，并且该项目能很快收回成本。我们预计每年仅电力成本一项就能为客户节约 120 万美元。"

GE 已不再是销售设备，而是帮助客户降低生产成本，实现提高效率，节能减排的目标，进而帮助客户提升竞争力。这就使我联想到近来看到的 GE 系列广告。

GE 的绿色创想

在很多机场我看到了 GE "绿色创想、协奏生活"系列广告："GE 的分布式发电技术，转废气为电能，与自然共协奏"；"GELED－R250 户外照明系统，优化路面照明，与自然共协奏"等，都给了我们对未来绿色能源更多的憧憬。

还有"洁净安详的飞机发动机，疾驰在绿叶搭起的'铁轨'上的 Evolution 机车，烟囱中冒出的斑斓蝴蝶，花朵般绽放的节能灯泡，生根发芽蓬勃朝气的地球……这些不仅仅是广告中的美好愿景，而更多体现的是 GE '绿色创想'正在努力为人们带来的触手可及的现实……"

今天，以及未来几十年，世界面临许多重大挑战，我们已知的石油和天然气储备十分有限，能源价格一路上升，数百万人无法用上清洁的饮用水，环境的恶化，等等。有若干因素影响着这些环境问题，其中包括：人口增长、城市化趋势、全球消耗、气候变化和供水。如何应对这些挑战？GE 提出了"绿色创想"计划。

作为企业必须构建一个可持续发展的战略。如果这个企业不赢利，这个企业就要倒闭。在企业赢利的同时，必须要考虑到对环境的影响。

PEW 全球气候变化中心总裁艾琳·克劳森将"绿色创想"称之为"美国企业界最宏伟的气候战略"。GE 也因此迅速获得了巨大财务回报。2008 年，GE 全球的年销售额达 1830 亿美元，而来自"绿色创想"产品和服务的收入达到 170 亿美元，比上一年增长 21%。

"绿色创想"的英文是 ecology（生态）和 imagination（想象力）两个词的组合，是 GE 的全球商业战略。具体来说"绿色创想"＝想象力＋环境科技。在 GE，人们拥有一种无限的资源：想象力。当想象的力量同 GE 核心竞争力——创造性的科技相结合，我们就能更好地管理和利用地球上的稀缺资源，这就是 GE 的"绿色创想"。

绿色创想体现了 GE 公司的承诺和目标：在公司实现利润增长目标的同

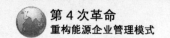

时，致力于对未来进行投资，从而创造出解决环保问题的创新型解决方案，并且为客户提供有价值的产品与服务。

绿色创想主要着眼于全球正在迅速发展的三大主题：

第一，人类对于更充沛、更安全、更清洁与低价格的能源需求；

第二，人类需要更充沛、更洁净、更低成本的水资源；

第三，消费者如何廉价而安全的应用安全的高科技于这些领域中。

GE"绿色创想"的承诺：

"绿色创想"是 GE 为想象和创建革新性的解决方案以造福客户及社会而做出的承诺。它既是推动 GE 成长的一项企业战略，又是对企业成长过程中大力保护环境做出的一项承诺。

1. 增加绿色创想产品收入 —— GE 的产品和服务能为客户带来可观且可衡量的环境绩效优势，同时也将成为 GE 收入增长的重要来源。基于我们此前所取得的成功，我们计划在 2010 年将我们的年度收入目标从 200 亿美元提高至 250 亿美元。

2. 加倍研发投资 —— GE 正加大其对清洁技术的研发投入，投资金额将从 2005 年的 7 亿美元增至 2010 年的 15 亿美元。

3. 减少温室气体排放量，提高 GE 运营的节能效率 —— GE 计划在 2012 年前使其温室气体排放量减少 1%，在 2008 年前使所排放温室气体的强度减少 30%，以及在 2012 年年底之前，使能源效率提高 30%（均与 2004 年比较）。如果不采取这一措施，根据 GE 的增长计划预测，到 2012 年温室气体排放量将提高大约 30%。

4. 节约用水与提高水的回收利用率 —— GE 最新承诺，将在 2006 年至 2012 年期间将公司全球用水量减少 20%。

5. 提高公众知晓度 —— 通过绿色创想年报、绿色创想网站（www. eco-

magination.com）、《企业公民年报》以及宣传广告与公众互动，提高公众知晓度。

达到绿色创想标准的产品必须能够满足：提高客户的经营收益和显著而有效地提高客户的环保能力两项重要标准，"绿色创想"产品大大提高了客户的环保水平和经济地位，为客户创造了巨大的价值空间。

武钢携手创想未来

2007 年 9 月 24 日，美国 GE 公司董事长兼首席执行官杰夫·伊梅尔特先生专程来到武汉，与武钢集团总经理邓崎琳和湖北省、武汉市政府部门负责人共同见证了 GE 和武钢签署战略合作框架协议，以及高炉煤气联合循环发电项目协议，由 GE 能源集团为武钢提供的燃气蒸汽联合循环发电解决方案。

在优势互补的原则下，GE 与武钢的战略合作，是一次实现双赢的历史性合作，对整个钢铁行业都具有重要意义。GE 能源集团为武汉钢铁集团提供的高效可靠的燃气蒸汽联合循环发电解决方案，是国家发改委认可和推广的绿色环保解决方案。

此次合作中，GE 向武钢集团提供两套 9E 燃气蒸汽联合循环发电设备。这两套设备总装机为 320 兆瓦，年发电 24 亿度，按每度电 0.5 元计算，每年可节约电费 12 亿元。同时，GE 提供的 9E 燃气蒸汽联合循环发电设备还能为武钢提供每小时约 160 吨的蒸汽，满足钢铁生产的需要。与此同时，在 9E 燃气蒸汽联合循环发电设备的帮助下，武钢也将大大减少高炉煤气的放散，日常的生产将会更加绿色、环保。

为促进提高能效和节能工作，国家发改委出台了《节能中长期规划》和《节能技术大纲》，明确将钢铁企业高炉气的利用列为推进的重点。而 GE 能

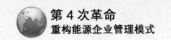

源集团在利用低热值气体发电方面一直在不断地积极探索。

当然，引入 GE 公司的 9E 燃气蒸汽联合循环发电设备，一举获得减排、发电、提供生产用蒸汽的三重效益只是武钢集团与 GE 公司长期合作的一个开端。在结成了战略合作伙伴关系后，武钢集团和 GE 公司还将在能源发电、水处理、工业电气及自动化、安防、环保服务、钢铁采购、管理培训等多个领域展开深入合作。面向未来，GE 和武钢集团将共同实践互利共赢的发展战略，武钢在国际市场上的竞争力将得到全方位提升。

帮助客户创造性革新

2011 年 9 月 14 日，GE 宣布，与全球领先的啤酒酿造商百威英博签署绿色能源战略合作协议，将携手进行一系列的创新能源合作。双方表示，此次合作可谓强强联合，将开启食品饮料行业能源利用及节能减排的创造性革新。

据悉，此次合作的项目一期，GE 将会投入资金，GE 创新中心人员和百威英博项目人员共同成立跨组织项目组，就百威英博目前生产与管理中的具体情况，选择试点工厂，就热电联供、水处理及制造厂运营管理软件等方面进行研究与合作。一期研究合作预计将于两年内完成。GE 的全球研发中心将会对此项目进行全力支持。预计此次项目实施后，可为百威英博的酒厂每年减少 10 万吨的二氧化碳排放，并显著降低单位啤酒的耗水量。

百威英博亚太区采购副总裁李嘉德表示："我们很高兴能和 GE 达成战略合作，利用这一绝佳平台，最大限度挖掘企业自身可持续发展的潜能，为啤酒酿造，乃至整个中国食品饮料行业，先行探路，树立能源革新的标杆。GE 是一个全球领先的技术型研发公司、技术方案的提供者，在技术方面有着非常强大的实力，我们希望通过技术性的开拓，帮助我们更好地实现绿色世界的梦想。"

帮助客户提升竞争力

GE 正在加强与大型国有企业的合作，共同开拓国际市场，希望帮助国有企业走出国门，共同成长。GE 正在转变成一家开放式发展的公司。

2009 年 7 月 15 日，GE 能源集团与蒲城清洁能源化工有限责任公司签署了 GE 气化技术许可协议，美国商务部部长骆家辉也在座出席。此次仪式正值骆部长和美国能源部部长朱棣文的中国之行，此行旨在加强中美在清洁能源领域方面的互利互惠关系。此次签订的 GE 气化技术转让协议包括许可其使用 GE 成熟的气化技术、工艺设计包、技术服务和设备供应，充分体现了 GE 对中国市场的承诺。

GE 还被中国铁道部选定为中国铁路干线提供 Evolution 机车，有效提高了燃油效率，让污染排放量减少了 40%。在航空产业，GE 为中国航线上的 42 架飞机提供了 84 台 GEnx 发动机，与上一代发动机相比其燃油效率提高了 15%，噪音减少了 30%，如果一个航空公司将 20 架飞机发动机换成 GEnx 飞机发动机，每年将节省约 500 万美元的燃料费。

另外，GE 在华东地区参与了长达 33 公里的东海跨海大桥建设，其道路照明控制解决方案在该项目中的应用，在非交通繁忙时段可节省 20% 以上的耗电。

中国一些煤化工及石化炼油项目处于生态脆弱地区，针对这一问题，GE 提供了液体零排放技术，为这些工业地区的发展提供环境保障。其中一个例子是位于鄂尔多斯市的内蒙古亿利化学工业有限公司（亿利化学）。亿利化学是中国最大的聚氯乙烯与离子膜烧碱制造商之一，GE 先进的水处理技术使亿利化学 90% 左右的废水得以回收，约合每年 445 万立方米。该系统通过将超滤膜、反渗透膜与 GE 的热蒸发技术相结合，产生出高纯度的可再利用水，这不

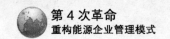
仅有助于缓解鄂尔多斯市的供水需求，还有利于黄河的环境保护。

ABB 用电力与效率创造美好世界

前不久，我从外地飞回北京，当我走在首都机场 T3 航站楼的通道上，我看见了 ABB 全新灯箱广告："将可再生能源接入电网，当然能实现""将城市能耗降低 30%，当然能实现""将能源效率提高 25%，当然能实现""每年减少 2.2 亿吨二氧化碳的排放量？绝非妄言"等。ABB 帮助提高发电、配电和用电效率，同时降低对环境的影响。这就不禁让我探究 ABB 为什么提出这样的口号，以及这家伟大的百年企业、世界电气行业领导者是如何在知识经济时代进行变革的？

ABB 由两家历史超过 100 年的国际性企业——瑞典的电力照明和发电机制造商阿西亚（ASEA）公司，以及世界上第一个输送高压交流电力的瑞士布朗勃法瑞（BBC）公司合并而成。ABB 是位居全球 500 强之列的电力和自动化技术领域的领导企业。ABB 致力于帮助电力、公共事业和工业客户提高业绩，同时降低对环境的影响。ABB 集团业务遍布全球 100 多个国家，拥有 13 万名员工。ABB 在中国拥有包括研发、制造、销售和工程服务等全方位的业务活动，拥有 1.8 万名员工、31 家本地企业和遍布全国 80 个城市的销售与服务网络。

研发"最绿色的能源"

进入 21 世纪的前 3 年，ABB 走到了生死存亡的时刻，连续 3 年亏损超过 7 亿美元，走到了破产的边缘。就是在这样困难的 3 年里，ABB 对研发和创新的投入达到了 27.2 亿美元，超过了这 3 年的亏损总额，得到用户高度信赖的创新力作为一个重要的力量帮助 ABB 走出了困境。

在刚过去的 2008 年第 3 季度，公司的销售收入同比增长 22% 达到 87.91 亿美元，净利润增长 26% 达到 9.27 亿美元，是全球实力最强和最成功的电气公司之一。

虽然令人眼花缭乱的电网线路图形和复杂的专业名词令人困扰，但有一点毋庸置疑，人类需要更多的能源用于生存和发展，同时面临着巨大的减排压力。而 ABB 则将研发"最绿色的能源"当做自身的使命。

当全球更多的公司加入绿色公司行列时，ABB 拯救地球的行动已经进行了近半个世纪。通过长期为客户提供更多的节能型产品和采取内部节能措施，这家全球电力和自动化领域的领先者希望成为全球最绿色的企业。安装在全球的 ABB 传动装置，每年节省 960 亿度的电能，相当于每年减少二氧化碳排放量 8000 万吨。

"可持续发展理念已经融入我们的产品和系统，以及未来的愿景之中。"ABB 集团总裁兼首席执行官金乐说。分布在全球的 ABB 可持续发展事务部肩负重担，350 名可持续发展官不仅按照 ISO14001 环境管理体系的要求，监督环境管理专案在 ABB 企业的执行情况，同时与其他部门通力合作，将可持续发展绩效融入产品开发、产品管理和专案管理之中。在新产品的开发中，ABB 开发了 GATE 模型，用于监控新产品和专案的开发阶段，对可持续发展绩效进行评估，其中包括适用欧盟有害化学物质的禁用指令和欧盟废弃电气、电子产品指令等指标。

卖解决方案而非产品

2011 年年底，ABB 为中国历史最悠久的水泥企业——华新水泥股份有限公司旗下位于湖北的水泥示范生产厂提供了先进的多传动解决方案。

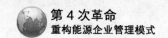

华新水泥创建于 1907 年，是中国可持续生产和工业生态方面的领导企业之一，也是中国循环经济示范企业，其产品曾用于三峡大坝和丹江口大坝建设工程。

华新水泥位于湖北秭归的工厂每年可生产水泥 180 万吨。通过收集生产过程中的余热等措施，水泥厂每年还可发电 7500 万度。

华新水泥建设了一条 2 公里长的下坡传送带，从附近矿山向该厂的原料堆场运送碎石灰石。下坡传送带是一种要求极为苛刻的应用工况，需要进行连续制动以防止传送带在下坡过程中超速运行。该传送带长达 1965 米，其最高点和最低点的落差高达 320 米，倾斜度为 10.7 度，可一次性输送数千吨碎石灰石。为此需要为传送带提供一套帮助实现最高可靠性和能效等级的解决方案，同时进一步加强华新水泥可持续的"循环"生产能力。

ABB 向华新水泥提供了完整的解决方案。整条传送带由 2 台 500 千瓦电机驱动，并通过 ABB ACS800 多传动变频器进行控制。ABB ACS800 传动装置可对电机速度和转矩进行动态控制，实现了传送带的软启动与停止。软启动消除了启动期间的机械应力，能够防止物料溢出和传送皮带折叠。同时，由于 ABB ACS800 设备装有能源再生装置，在下坡作业期间，传动装置还能够回馈输送系统产生的能量，并将其输回水泥厂的电网。

经华新水泥测算，ABB 多传动解决方案每年可以帮助水泥厂节电高达 160 万度，价值 13.8 万美元（约 88 万元人民币），并且大幅降低了水泥厂的温室气体排放，有力支持华新水泥实现循环经济建设目标。

科技让生活更美好

德国西门子（SIEMENS）股份有限公司是欧洲最大的电器电子公司，是世界十大电子公司之一，是世界排名第四的家用电器制造商。西门子公司是以生产电子和通信产品、能源及工业设备、交通和医疗器械为主的综合性集团公司，业务遍布欧洲、美洲、亚洲、非洲和澳洲190多个国家，在全球27个地区拥有39家工厂，其生产的家电产品和通信产品，均享有国际盛誉。

西门子工业业务领域是全球领先的工业产品、基础设施、交通、建筑及照明科技领域的产品和解决方案提供商，为客户提供创新产品、整合系统和尖端科技，帮助企业提升生产力、效率和灵活性。西门子楼宇科技是楼宇科技管理、暖通空调控制、安防与消防系统、低压电气以及能源与环境解决方案的市场领导者，为客户提供创新和节能解决方案，增加建筑的舒适性和安全性，并优化楼宇设施管理，提高能源效率。

2010年5月的上海世博会，在中国馆、汉堡之家、德国馆和"天下一家"馆，西门子展示了与智能电网、提高能效、电动汽车相关的解决方案，以及传统中医与德国医疗技术的结合，并展示了这些技术如何帮助降低排放、创造更美好的生活。

"天下一家"馆展示了基于西门子技术的、无与伦比的"2015低碳家庭生活"远景。西门子向参观者展示了创新科技所营造的"更美好生活"：西门子视觉设计平台使分散于世界各地的工业项目团队成员能够以一种更有效、生活工作更平衡的方式进行合作；OLED技术的首次亮相开启了节能照明的新时代；而智能电网概念使家庭也能成为电力生产者。

"西门子产品方案正在克服现代人类社会所面临的挑战，譬如城市化带来的交通拥堵、空气污染；全球化带来的运输及生产效率提高的问题；还有关系到每个人、每个家庭的老龄化挑战等。"很多雄心勃勃的公司都有创造绿色未来的梦想，而以创新为本的西门子，正在以扎实的行动，让梦想走进现实。

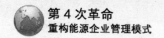
为世博会提供系统的解决方案

2010 年 5 月 1 日上海世博会向公众开放，为了迎接世博会的召开，上海市的基础设施已经进行了升级改造，其中采用了大量西门子的技术和解决方案。西门子获得的与本次世博会相关的合同总价值超过 10 亿欧元，其中90% 与环保产品和解决方案相关——例如，西门子提供的基础设施将为上海带来更便捷的交通以及更清洁的空气和水源。西门子提供的技术还被广泛应用于世博园区的 40 多个项目中。西门子一直是世博会的先驱者和参与者。

在世博园区内，由西门子全资子公司欧司朗生产的大约 15 万只 LED 灯将以柔和的红金白三色灯光照亮展馆和道路，这些 LED 灯与普通白炽灯相比能够节能 80%。西门子还为世博园区提供了配电设备和消防系统。66 米高的中国馆全面采用了西门子的节能楼宇技术，并已经成为上海世博会的"绿色地标"。凭借西门子的创新科技，汉堡之家的能耗低于全球任何其他同类建筑物，其秘诀在于它能够以各种电气设备和参观者身体产生的热量作为能量来源。

为地产商提供"绿色解决方案"

2008 年 1 月 15 日，西门子与上海东闻房地产开发有限公司签署了一项合作备忘录，旨在就"绿色商业建筑开发项目"建立双赢的战略合作伙伴关系。这一"地标性"项目位于丁香路 778 号建设的项目是一个建筑面积达12 万平方米的综合性商业建筑开发项目，将建成两栋办公塔楼和一个购物中心。建成后将成为浦东新区第一个在"LEED 认证"（美国能源与环境设计先锋奖）指导下的、全面采用节能环保技术的"绿色建筑"。

西门子将为该项目提供领先的"绿色解决方案"，其目标是通过各方的共同努力，使得新建的绿色建筑与目前上海甲级商务楼的能耗情况相比，至少节约 17.5% 的能效，减少 20% 的耗水量。此外，双方还考虑将这一合作模式用在上海的其他商业建筑上。

由美国绿色建筑委员会创办和颁布的"LEED 认证"是全球公认的衡量建筑可持续性的标准认证，也被看做是目前世界上最权威的真正绿色建筑示范标准之一。西门子也是美国"LEED 认证"组织的正式成员。

为能源企业提供先进的解决方案

西门子能源业务领域是发电、输配电以及油气生产、加工及运输各种产品、解决方案和服务的全球领先供应商。同时也是全球唯一能够为整条能源转换链提供专有技术，特别是电厂至电网接入和其他接口的供应商。关注的重点是能源公共事业与工业公司的需求。

西门子先进的燃煤发电技术，助力上海外高桥第三发电厂大幅提升燃煤效率，通过与电厂多项自主创新技术的结合，实现了高于 46% 的供电净效率（在中国火电厂的平均能效为 36%），该厂的煤耗比普通电厂少 100 万吨。为世界发电行业树起了"中国标杆"。

在火力发电方面，燃气轮机和蒸汽轮机发电厂目前已经实现了迄今最高的能源效率超过 60%。由于启动时间非常短，这类电厂最适宜于补充风力和太阳能发电带来的自然电力波动。而通过热电联产电厂可以达到更高的能源效率超过 90%。其中，配备了西门子燃气轮机的华能上海燃机电厂被评为2007 年度亚洲最佳燃气电厂。

在中国，西门子还参与建设世界上最长、最高效的高压直流输电线路，也就是我们所说的 HVDC。该 HVDC 线路全长 1400 公里，可以为 500 万户中国家庭提供来自水电站的绿色能源。此外，该条线路将使电力输送以最低损

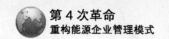

耗的方式完成：输电损耗可低至3%。

电动车是近几年和未来几十年的一大发展趋势。目前全球汽车保有量达10亿辆，这些汽车排放的二氧化碳约占全球总排量的1/5。但电动车的能效比内燃机车高两倍。电动车的另一大优势在于它能够使用多种燃料和可再生资源产生的电能，从而减轻了人类对石油的依赖。此外，电动车还能用作移动储能设备，它在夜间充电，而用电高峰期再将这些电能回馈电网。西门子在这一技术创新领域同样走在了世界前列。

江森自控的解决方案

成立于1885年的江森自控是一家年收入300亿美元的企业，在设施效益、车内体验和动力方案三大业务领域堪称全球领导者。其设施效益业务在世界上125个国家拥有500多个销售和服务办事处，36家制造工厂和50000余名员工。在中国，江森自控拥有4000余名员工，近50个办事处，3个工厂与亚洲研发中心，遍布一线、二线与三线城市。

历经风雨的百年老店自有其非凡之处，江森自控在世界商业史的每一个关键节点上似乎都能扎实稳妥地印下自己的足迹，而其自创立之日起就秉承的"Exceeding Your Expectation"（超越您的期望）理念一直延续至今，成为无数江森人引以为豪的资本。

一位员工在博客上这样记录自己的事业："每位员工都是珍珠，因为有着同一个梦想，于是串联成无价的珍珠项链，我是一名劳务派遣员工，我在努力工作，以求能够加入这个超越神话的团队，早日实现自己的人生价值！"

在14万名全体员工共同努力下，江森的产品和服务已经在2亿多辆汽车、1,200多万个家庭和100多万栋商用建筑中使用，为人们创造一个更舒适、安全和可持续发展的世界。对可持续发展的承诺，促使这家企业不断加大在环境保护、工作场所和社区工作参与方面的力度，并不断改进和创新其向客户提供的产品与服务。

在中国，江森自控是首家可以提供一站式楼宇解决方案的供应商。北京新保利大厦的 Metasys 系统、世纪财富中心的约克品牌离心式冷水机组和空气处理机组、上海环球金融中心的楼宇全套弱电总包系统（ELV）、广州大学城的水蓄冷区域供冷系统，这些全智能化的控制系统能够帮助各类型建筑物降低 15% 的维护和能源成本，工作效率增加 5% ~ 15%。

江森自控为香港政府机电工程署总部大楼提供的节能 30% 的冷水机组变频驱动技术、蓄冰和太阳能驱动冷水机组技术备受瞩目，成为节能示范并体现可持续发展理念的最佳典范。

香港机电工程署的总部大楼原为香港启德机场的空运货站大楼，1998 年机场搬迁新址后，机电工程署共投资 8 亿元港币进行改造，在改建过程中，由江森自控全面提供能源管理解决方案，在中央制冷集成控制系统的控制下，多项环保和节能设施，实现冷水机组内部数据与控制系统的无缝结合，无人值守、多种控制，达到成本最优化性能最可靠的成果。

大厦安装了约克品牌的 OptiSpeed 冷水机组变频驱动技术，每年节能达 30%；配合该大厦装设全港最大型产电量高达 350 千瓦、每年节省 40 万元电费的太阳能光伏板，江森自控提供太阳能驱动冷水机组技术，并为其安装全港首个大型制冰机及蓄冰槽，在非耗电高峰期制冰以备日间释放冷气，同时减少耗电量，多项设计使大楼的能源效益提升超过一成。另外，江森自控旗下约克品牌的氨气冷水机组，利用"氨"作为冷媒，更有助减低对臭氧层之破坏，全面体现了可持续发展的理念。

全球工作场所解决方案

江森自控推出"全球工作场所解决方案"旨在满足全球企业日益增长的

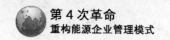

需求，即无论身处何地，只要有所需，企业都能及时从独立供应商江森自控那里，获得定制化、端到端、集成化的企业工作场所综合服务。

全球工作场所解决方案 EMEA（欧洲、中东和非洲区）副总裁兼总经理 Rick Bertasi 表示："它完全不是产品的重组，或者'新瓶装旧酒'。我们对自己的业务进行了彻底的变革，才创造出真正意义上的'全球工作场所解决方案'能为全球范围内主要组织的不动产在其完整生命周期内提供支持。我们从自己在全球范围内 13 亿平方英尺各类建筑设施的管理经验中了解到，这个模式正是企业客户所需要的。未来我们还会不断加大投入，以确保我们产品的每个组成部分保持业内领先。"

江森自控的新产品将许多领域的专业技能集于一身，帮助用户规划、获取、配置、建设、运营和翻新其工作场所，以满足他们不断变化的业务需要。这些能力包含在八大核心产品中。

- 不动产：策略咨询、资产管理和交易管理服务，旨在优化不动产组合的绩效。

- 设施：设计、采购和管理品类齐全的整合工作场所支持服务。

- 项目：新建设施、翻新工程、关键服务、设施迁移和搬运等项目。

- 计划的管理能源：能源管理和可持续性解决方案，实现优化的"三重底线"即经济繁荣、环境卫士、社会责任。

- 技术：企业不动产客户所需的信息技术，用于地点信息、交易、项目和绩效度量的高效管理。

- 基础设施：通过诸如楼宇管理、安全出入以及防火等设施系统和技术的最优化整合，创造智能型建筑。

- 工作场所：改善工作场所的利用率，在提高效益和生产率的同时降低设施占用成本。

- 咨询：为工作场所策略和运营的方方面面提供咨询服务。

这些产品由江森自控的全球团队负责协调，以确保江森自控的每一款全球工作现场解决方案的运营在 EMEA（欧洲、中东和非洲）、美洲和亚洲这三大区域市场上都具有一致的高质量和高整合度。

全球工作场所解决方案的推出，意味着他们现在已经有能力通过适当的产品整合，为客户创造更大的利益相关者价值，并且由此显著提升他们工作场所资产的绩效。这种整合的方式已经为包括巴克莱银行、IBM、安捷伦科技和诺华制药等客户创造了可观的利益。

壳牌的全球解决方案

催化剂在石油炼制过程中至关重要，它可以帮助企业其提高产量并降低无用副产品和诸如硫、氮、芳烃的以及其他金属杂质。壳牌全球解决方案最新技术和解决方案组合涵盖了清洁燃油授权转让技术、催化剂和服务项目，旨在帮助中国炼制企业应对日益紧迫的在未来生产更为清洁的能源的需求。

壳牌发布了新一代催化剂产品 CENTERA，据称，此催化剂可以帮助中国的炼油厂将能耗降低 20%。如果炼厂原油加工能力在 20 万 ~30 万桶/天，而且至少有两套加氢装置，那么采用 CENTERA 后，每年将为这家炼油厂节省至少 3000 万美元。同时，CENTERA 可以生产超低硫柴油，使柴油硫含量降低到 10PPM，还能提高炼厂产量。

壳牌全球解决方案（美国）主管炼油催化剂业务的全球副总裁布莱恩·史密斯先生谈道："应用 CENTERA 催化剂的炼厂能够获得更高的利润空间，使用清洁燃油的工厂能够减少污染物排放；消费者则能够使用上更为环保的交通燃油，确保人们生活、工作的环境会更加清洁。"

壳牌的技术部门提供全球解决方案，包括催化剂、专利技术转让和咨询

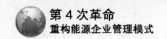
服务，也提供配合催化剂而特别订制的技术支援，致力于为任何加氢处理或个别供应商打造完整且优化的解决方案。

为什么要卖解决方案

杰克·韦尔奇指出，随着买方力量的增强、模仿者的迅速跟进以及竞争的不断加剧，靠市场份额领先已经无法保证利润的来源，许多产品今天还可赚钱，但到了明天可能就无利可图了。

为了改变这种被动局面，许多企业试图通过改善质量和成本使得自己的产品与众不同，然而，改善质量和产品是所有企业都会考虑的措施，若大家都往这个方向努力，尽管该产品的销售收入会增加，但利润却仍会变得越来越少。

同时，供应商的客户，对产品也越来越熟悉，也变得越加理性和内行。随着他们对制造商的产品和技术认识的不断增加，产品的技术规格已经不那么重要了，重要的是产品对使用者的经济效用。

结果，购买产品的决策从代理商、技术员和工程师变成了管理者和高层经理。工程师们关心他们购买的产品的技术细节——这些产品是否符合规格？采购价格与竞争者相比是否具有优势？而高级管理人员则更关心使用这些产品的经济效用。高级管理人员看中的不是具体产品，而是解决问题的方法。这种新方法会减少生产过程的成本，增加公司的赢利。

不过，很不幸的是，现在许多公司都在大谈服务营销，增值服务，等等。其实，根本不是提供解决方案的供应商，实际上仍然只是在打着服务的幌子促销其产品，然后，增加一些服务而已。解决方案是超越产品的一个系统的价值，而非某个产品与服务组合的价值。

真正为客户提供解决方案并没有说起来那么容易，这要求知道客户的经济性，以及超越产品功能，创造附加价值的服务和系统。价值不仅仅按功能衡量（如"自动地算出百分比"或"将面包切成片"），而且还要按经济术语衡量（如"节约 3 小时"、"提高产量 7%"或"减少总成本 15%"）通过预期客户系统经济性的演变，一个公司就能开发出解决方案的模式，提供特有的产品和服务进而控制市场。

《麦肯锡季刊》中曾经有一篇文章专门谈论服务意义上的解决方案及其定价问题。"解决方案不只是简单地把一堆相关的软硬件组合到一起，也不仅仅是为了把客户提供的产品和服务整合起来……一个真正的解决方案应该是由客户的需要决定并且根据客户的需要设计的，而不是为了给供应商现有的产品找到一个新的用途。只有当供应商和客户共同合作，根据客户的需要设计产品和服务，把它们集成为一个独特的整体，并且能够最完美地满足客户的需要，这个时候，供应商才可以说自己提供了一个真正的解决方案。"

传统营销的终结

"获得很高的市场份额，利润就会接踵而来。""保持高增长率，利润也将增加。"作为一名管理者，你曾接受这样的教育，如何追求市场份额和追求增长，然后自动地走上企业成功之路。

然而，这些从前的捷径已经成为迷途，上面布满陷阱、误导和死胡同。许多选择了市场份额和数量增长之路的大公司，结果没有获得预期的利润。

市场份额是从前最重要的度量尺度，是指路的明灯，是以产品为中心的时代的罗盘。那时，公司关注的是改进它们的产品，取得规模经济效益。这种以产品为中心的思维导致了这样的战斗口号：争取更多的市场份额，利润

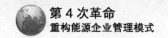

就会接踵而来。

传统营销已经终结，今天的企业必须从"以产品为中心"转向"以客户为中心"的思维，但是什么是以客户为中心？很多人会理解为以市场为导向，满足客户需求。然而这并不是以客户为中心。

新经济时代，如果你仅仅对你的目标消费者说：我的这个产品质量好，价格公道，所以它适合你，这是远远不够的。对市场上任何产品来说，都存在更大的经济系统，而产品本身只是其中的一部分。对于客户来说，产品一旦买过来，还需要维修、融资、更换零部件、升级等。

产品只是利润生产过程的催化剂，它远不是供应商所要做的全部。你的客户所需要的将不仅仅是一种有形的产品，而更多的是无形的产品，或者说成"知识"。这些无形的知识帮助客户实现某个目标。

而且，通常与这些"非产品"或"后产品"相关的收入，要比与产品直接销售相关的收入大得多。就利润而言，相差更多。优秀的公司足以能够在这一点超越那些仍然按照老办法经营的公司。

从"以产品为中心"转向"以客户为中心"，就是要从传统的"卖产品"转向"卖解决方案"；从传统的"供应关系"转变为"伙伴关系"；从"提供产品及售后服务"转向"咨询服务"。

从"以产品为中心"转向"以客户为中心"这是一次伟大的转变，很多商机随之而来。利用这次机会意味着，制造商必须将他们选择客户的权利从工程师和代理商转给公司的高级管理者；将经营范围从卖产品转为提供解决方案；将产品的差别优势从价格转变为使客户的系统更加经济；将价值的来源从产品转向服务。

简言之，产品的供应商必须改变他们的整个企业设计。

电力行业的转变

香港中华电力公司决心成为全港首屈一指的公用事业机构，20 世纪 90 年代就提出了全新的服务理念：提供一站式服务，帮助客户提高生产效率，减少运营成本，并成为客户的长远生意伙伴。

其营销理念和策略是，保护传统电力市场，渗透煤气及石油市场，拓展新市场；主动出击，抢占市场，特别是主动与房地产开发商沟通，把握商机，挖掘潜在市场，变被动服务为主动服务，赢得客户。设立客户经理，保持与重要客户密切联系，为他们提供技术支持、咨询服务、能源稽核、供电故障调查、技术讲座、电力科技和装置的最新资料。以"乐在生活"为主题，引导客户使用电能等。

在 1992～1994 年间，香港工业企业大量移往内地，供电负荷和售电量增长趋缓甚至下降，据统计，当时该公司的工业负荷占其总负荷的比例已由 10 多年前的 40% 下降到了 10%。在其 205.6 万用户中，住宅客户为 178 万，工商业客户为 27 万。中电公司发电能力备用率增加到 50%。

如果不能增加售电量，将构成对电费的压力。因此中电公司非常重视电力促销，但这是一项艰难的竞争活动，是电气化与传统观念和习惯势力的竞争，是电力与燃气的竞争，是电网供电与自备电厂的竞争。

香港政府与中电公司签订的管制协议规定，中电公司每年的准许利润与平均固定资产净值和 1978 年 9 月 30 日以后股东投资购置的平均固定资产净值挂钩，与最高负荷的大小和售电量的多少无关。换句话说，电力促销后增加售电量，公司并不能增加利润收入。因为售电增加后，当中电公司的税后利润多于准许利润时，多余部分要拨入发展基金；如果售电量减少，税后利

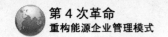
润少于准许利润时，差额部分由发展基金拨给。

但中电公司并没有因为电力促销不能增加自己的收入而消极怠工，相反却积极地、千方百计地去推销电力，那么电力促销的目的是什么呢？他们说，是为了提高发电效率，提高设备利用率，从而降低每千瓦时电力的成本。

卖解决方案

努力保持售电量增长，公司电价始终保持稳定。其核心内容是：努力拓展电力市场，但并不从电价上给予折价优惠。而是反其道而行之，根据用电量实行的梯级电价，其电价是逐级上升的。这在客观上保持了电价秩序的严肃与稳定。

当然，为鼓励用电，拓展市场，他们也提供优惠，但他们的优惠是另一种方式，如与地产发展商、电器制造商等合作，一次性付给地产发展商一笔资金，在新建住宅单元时，由地产发展商为用户安装好抽湿机、干衣机等高回报家用电器；或凡属中华电力公司的住宅用电客户，都可以在满足若干条件的情况下，以极其优惠的价格从中华电力公司客户服务中心申请一台或数台家用电器，如电磁灶、电热水器等。

这样，当用户开始使用这些家用电器，中华电力公司就开始获得稳定的用电量回报，也就达到了中电公司提高发电效率、设备利用率，从而降低每千瓦时电力成本的目的。

虽然，送出这么多的优惠电器，肯定是一笔相对巨大的支出。但从上面的介绍可以看出，短期内并不会造成中电公司利润的减少。而从长远看，这样的优惠政策就一定会带来售电量的稳定增长，从而使中电公司的发电效率以及设备利用率得以提高，每千瓦时电力的成本得以有效降低。最终实现中电公司业务的增长和赢利能力的提高。只有赢利能力提高后，才有资金投放到发展生产上，这其实是开发商、客户与中电公司共赢的模式。

推广电热水器及电力空调器的方法

在香港，近1/3收入不高的市民居住在政府补贴的廉价公屋里，住公屋的市民一般很少购买价格较高的高效家用电器。根据这个情况，中电公司向消费者委员会和香港房屋署，宣传使用电热水器及电力空调器的好处，并利用各种媒体大力宣传电气化生活的优点，诸如"凉风送爽遍公屋"之类的广告几乎家喻户晓。为鼓励住宅客户购买，中电公司将高效率的电热水器和电力空调器成批购买进来，利用批发与零售之间的差价，并提供补贴后，用便宜的价格转卖给公司供电范围内的客户。

这样，一台18升的3千瓦储水式电热水器连同安装费只需300港元，是市价的1/4；一台市价5050港元的电力空调器的特惠价也只有2398港元。

中电公司将一则优惠发售家用电器的"公屋家庭喜讯"送到每一家住宅用户。香港住宅的价格很高，住户比较拥挤，中电公司在安装电热水器和电力空调器时，尽量不占用使用空间。如将电热水器安装在厨房的柜橱内或洗菜盆下面，给客户提供各种方便。中电公司对私人屋宇，给予免费提供电热水器，补贴上升总线（一般屋宇内的上升总线的投资和产权属业主），以换取上升总线的产权。

推广"无火煮食"电炊的方法

香港居民饮食习惯与内地相似，习惯用煤气。由于煤气公司大力宣传推广，对推广无火煮食电炊非常不利。中电公司充分利用广告媒体和公关活动，向住宅客户开展大力宣传。

1. 广告媒体。着重介绍厨房电气化的新概念，着重介绍无火煮食的方便、简易、容易掌握等优点。

2. 公关活动。举办无火煮食讲座，无火煮食比较，举办电器博览会和开辟报刊专栏。

3. 成立中电乐在生活中心。介绍用电所带来的生活情趣和厨房新典范；在无火煮食烹饪室里经常举行现场表演，一次表演中，仅用12分钟，便用微波炉做好了清蒸桂鱼、软炸虾和红烧鸡翅三道菜，并让参加者品尝。

在广泛宣传之后，专门进行无火煮食调查。在无火煮食认识程度方面，1994年用户满意率为53%，到1995年提高到94%。

4. 发展烹饪器皿。首先在居民中推广电锅、电磁炉和微波炉；在商业上推广万用烧烤炉、烧猪炉，还推广商用电锅。为适应香港部分居民用煤气的习惯，专门制造和推广电、气两用炉具，一般有两种炉型，一种是电热板加石油气、煤气炉，另一种是红外线炉加石油气、煤气炉。这种双燃料炉燃料供应更可靠，适应港人生活习惯，适合各种炊具器皿。推出双燃料炉后，受到高档楼房发展商的欢迎。

据中电公司统计，电力促销的成效十分显著。从20世纪90年代初期到中期，中电公司供电区内负荷增加67万千瓦，售电量增加1.2亿千瓦时，分别占中电公司供电区最高负荷的13.4%、售电量的0.53%。

电网公司的"绿色行动"

能源的生产与供应，是人类社会生产生活的基础。能源利用方式的每一次根本变革，都标志着社会生产方式发生了飞跃。电网在其中扮演着关键角色。中国国家电网公司立足国情和世界能源变革趋势，加快建设坚强智能电网，打造能源配置绿色平台，推动电力系统、产业和全社会节能减排，承诺对实现我国 2020 年碳排放强度目标的贡献度超过 20%，令人鼓舞。

能源效率的提升不仅仅来自自身，节能减排也不仅仅是自己的事，而是客户的真正需求。即帮助客户提升能源效率，帮助客户降低能源消耗，帮助客户减少碳排放量。这些对提升客户竞争力都是极具价值的理念。

电科院作为技术研发部门在这次变革中占有举足轻重的作用，通过技术创新引领这场变革，电科院的变革可从三个方面进行思考：第一，将互联网、移动通信技术与能源资源进行有机整合，创新商业模式；第二，能源优化解决方案的供应商，从而跨越行业界限，整合资源，创新客户价值；第三，制定技术标准，将自身转变成能源行业的第三方评估机构。

南方电网公司也启动了以"科学用电，节能减排"为主题的"绿色行动"，主要目的是通过持续深入开展客户节能服务，进一步提高全社会的节能意识，促进建立政府、电力企业、客户和全社会共同努力的节能系统工程，保障能源安全和经济社会可持续发展。

南方电网的"绿色行动"与 GE 的"绿色创想"有着相同之处，那就是将企业经营关注的重心，从企业转向客户，探索新的营销和服务模式。由单一的电力销售转向为客户提供系统化的解决方案，标准化服务与个性化服务并重，拓展服务增值空间，建立网上服务平台等。主要目的是通过持续深入开展客户节能服务，促进建立政府、电力企业、客户和全社会共同努力的节能系统工程。

为此，他们分别与所在的五个省区人民政府签订合作备忘录，建立以政府为主导、电网企业为实施主体、全社会共同参与的需求侧管理长效机制。同时，建立电力供应简报制度，每月向政府部门提供电力电量平衡信息，准确统计和报送用电信息，协助政府部门定期统计和公布 GDP 电耗等指标。

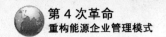
量身定做为用户节能

"供电部门的节能服务真是没得说的，我们太感动，太满意了!"南宁锦虹棉纺织有限责任公司副总经理薛志刚说："供电部门上门服务，帮我们省钱，方方面面都替我们考虑到，还给我们的新厂房送来'厚礼'，全厂员工都很感动……"

薛志刚所说的"厚礼"，是南宁供电局主动为该公司新厂址"量身订制"的节能方案——在采纳此方案后，该厂用电单耗可节约 624 千瓦时/吨，每年节约电量 1600 万千瓦时，仅电费一年就可节约 1038 万元!

南宁锦虹棉纺织有限责任公司是广西境内一家大型棉纺织企业，前身为南宁棉纺织印染总厂。这是一家能耗比处于全国中下水平的老厂，电量消耗占到了该厂能源消费比例的 85%。

如何降低企业的耗电，南宁供电局为此想了许多办法。多次细致考察后，上门服务的南宁供电局营销部门工作人员帮助该厂实施节能改造，技术、管理、设备多管齐下，把耗电量降下来。2006 年 10 月，锦虹棉纺织公司易地搬迁，得知消息，南宁供电局赶紧为他们的"新家"量身订制了切实可行的节电方案。

据统计，该公司 2007 年全年节电 200 万千瓦时。而 2004 年至 2006 年共节约电量 887.5 万千瓦时，节约电费 480 万元。

被南方电网"改造"的企业远不止锦虹棉纺织公司，这些企业热情地称电网的工作人员为"节能参谋"，说他们提供的是"保姆式服务"。

据介绍，2007 年南方电网共对 1340 家企业免费开展了节能诊断，协助客户制订了节电改造方案，取得了不错的效果。据初步统计，自绿色行动启动以来，公司通过开展客户节能服务年可实现节约电量 5 亿千瓦时，相当于建设一个 10 万千瓦的电厂。

"绿色行动"专门实施机构诞生

2011 年 6 月 28 日，南方电网节能服务"绿色行动"专门实施机构诞生，南方电网节约用电服务中心召开第一次会议并揭牌，正式开始运作。

南网能源公司董事长王静辉指出，电网企业在促进经济增长方式转变、推动科学发展的大局中大有可为。重点做好六项工作：一是建立一体化的用户侧节能服务机制；二是开展企业能效管理平台建设，试点开展企业能效管理；三是实现"节能超市"实用化、商业化运作；四是全面推广合同能源管理；五是建立节能宣传平台；六是做好对电网企业和发电厂的节能服务。

南方电网公司市场营销部主任陈荣真对节能服务业务的发展和节约用电服务中心的运作提出了如下目标：一是以节约用电服务中心成立为契机，进一步践行公司中长期发展战略；二是以节约用电服务中心成立为契机，建立健全节能服务业务管理体系；三是以节约用电服务中心成立为契机，努力打造公司节能服务组织体系。

最终在全网实现"135"的节能服务组织架构，即"一个以综合能源公司为主的节能服务实施平台，网、省、市三级节约用电服务中心体系和网、省、市、县、所五级需求侧管理岗位体系"。他希望公司要充分发挥南方电网大平台的优势，按照"整合技术、研究政策、服务社会"的发展定位，培育南方电网节能服务产业，加快南方电网绿色发展。

南方电网董事长赵建国指出，"十二五"是南方电网新一轮发展的重要战略机遇期，公司将深入践行科学发展观，紧紧围绕"成为服务好、管理好、形象好的国际先进电网企业"这一战略目标，促进电网发展向更加智能、高效、可靠、绿色方向转变，企业管理向精益化方向转变，不断提升企业整体素质、发展质量和价值创造能力，以更好地履行社会责任，实现公司作为"企业公民"服务社会、回报社会的价值追求。以新一轮世界能源变革为契机，进一步提升电网实现能源变革的重要技术支撑和网络平台作用，加快南方电网区域低碳能源发展步伐，将南方五省（区）电网建设成为绿色电网。

南方电网提出了创先的思路核心是要提高供电可靠率，建立"以客户为中心"的理念，全面构筑客户需求驱动的企业流程和管理体系。第一是"以客户为中心"，改变了以往生产型企业的传统观念；第二是创先的目的在于提升管理水平，而并非达标。

"创先工作"理念，融入企业发展和运营的各个环节，通过创先工作改变观念、整合资源、固化行为、优化管理，努力做到"服务好、管理好、形象好"，推动各项工作上台阶。

南方电网公司从能源供应商向能源优化解决方案的供应商的转型，是一次深刻的变革，这需要承载着促进地区经济社会发展和民众即广大消费者生活水平提高的重大使命，以客户为中心，不断创新服务模式，努力提高服务水平，主动承担社会责任意识。

如何转向"能源优化解决方案的供应商"

产品为中心，我们关注的是企业自身的效益。客户为中心，我们应该将视线集中在客户价值的创新上，帮助客户提升效益。

在给电网企业管理者的教学过程中，我尝试让学员首先换个角度看问题，鼓励学员大胆假设，系统思考，真正地从传统的"以产品为中心"转向"以客户为中心"的思维方式，这一改变将有助于我们创新经营方式，改变我们的营销模式。

以下是 2010 年 10 月 15 日某省电网公司下属企业学员的课堂练习，虽然不尽完美，也比较简单，却反映了为客户创造价值，"以客户为中心"管理理念的商业实践。

背景：江兴瓷砖厂是生产瓷砖的一家民营企业，年生产规模为 50 万平方米，用电负荷 900 千瓦，每月用电量 20 万千瓦时，月电费支出 9.5 万元，自 2008 年 10 月投产以来，每月受到力率考核（$\cos\phi < 0.85$），年力率调整电费 3.8 万元。2009 年 11 月公司走访该客户时，了解到该厂生产经营状况良好，截止到 2009 年 11 月该企业盈利 62.5 万元。但因功率因素过低而增加了该厂的用电成本，降低了经济效益。

解决方案：公司了解这一情况后，就如何提高功率因数，降低江兴瓷砖厂生产成本这一问题，组织生产技术、营销等部门相关人员进行了专题研究，提出了无功补偿技改建议方案。方案反馈给江兴瓷砖厂后，砖厂认为公司提出的方案是增加生产效益的好策略，完全同意此项技改方案。按照方案要求，公司积极协助砖厂做好设计、设备订购、安装等工作。设备投运后，该厂的功率因数由原来的 0.7 以下提高到 0.95，次月该厂结束了功率考核的历史。

效益结算：无功补偿装置投入 8 万元，如果按 15 年的使用寿命计算：15（年）×3.8 万（年力率调整电费）=57 万元；57 万 – 8 万 =49 万元；每年可为江兴瓷砖厂减少成本 49 ÷ 15 =3.26 万元，同时提高用户的电压质量和生产效率，对于公司来说降低线损、提高了经济效益，实现了互利双赢。

通过以上案例，我们可以看到的是开始关注客户用电过程中的经济效能了，这就是一个变化。其实，未来的电力企业不再仅仅是电力供应与服务商，而是帮助客户创造价值的解决方案供应商。

第三章　从客户端开始

当我们将视角转向"以客户为中心"时，实现从能源的供应商向能源优化解决方案的供应商转型，就要彻底地再造管理流程，流程再造应该从客户出发，基于客户价值创新进行流程再造，并重构企业的组织架构体系。

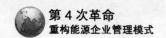
UPS（联合含包裹服务公司）2008 年成为中国奥运会的唯一指定物流供应商。UPS 的一则电视广告画面情景：一个人急急忙忙地跑过来向张丰毅（广告形象代言人）说：还有几分钟，体操比赛就要开始了，怎么办啊？张丰毅说：没关系，有 UPS 呢。说话间，UPS 的员工开始迅速地搭建体操场，这时一个特写镜头，推向一个计时器，跳动的数字，很快显示"00：00"，体操场地分秒不差地搭建完成。广告语：UPS 为你提供更多。

从这则广告里我们看到了什么？UPS 即时响应客户的能力，准确无误的作业标准，更重要的是传达 UPS 为客户提供更多的服务。其实，UPS 作为奥运器材的物流服务商，只要保证将器材安全准时地运送到奥组委指定的仓库就算完成物流的流程，比赛开始前，由奥组委场地技术人员及安装工人作业就行了。但是，现在 UPS 承担了更多的责任。

如果我们从 UPS 的流程中看，没有任何需要优化的环节，但是，如果我们开始关注客户流程，客户的流程是：从库房搬运到场地—安装—比赛开始，我们就会发现运到库房，再从库房搬运到场地，就增加两个环节，这就增加了客户的成本。因此，UPS 的整个物流系统必须能够即时响应比赛需求，直接在赛前搬运到场地，并且 UPS 的员工与奥组委工作人员进行跨组织合作，进行器械安装及场地的布置，这不仅降低客户的成本，还提升了客户的效率。

这就是 UPS 物流服务积极贯彻"以客户为中心"的运营理念，从客户价值出发再造流程，从而实现了整个流程更加顺畅，帮助客户创造了更大的价值，赢得了客户的赞赏和忠诚。

UPS 的主席兼首席执行官詹姆斯·P. 凯利将当今的全球经济比喻成一条巨大的、输送着产品、服务和信息的传送带。"这是一条不断移动的传送带，并且将位于供应链上下游的企业连接在一起。这条传送带径直地向最终客户的方向移动着，并且始终处于他们的掌握之中。"

互联网已经将世界链接到一起，而且可以实现信息的实时共享，这就赋予了客户更多的权力。看起来这种趋势似乎只对客户有利，对于供应商而言，并不是什么好消息。其实不然，通过信息的价值网络，将供应链的各个环节整合到一个新的价值平台上协同工作，共同创造价值，共享成果。

当 UPS 第一次意识到现在的客户已经控制了一切的时候，其最初的感受就好像是一辆刚刚开上高速公路的汽车，突然发现弄错了方向一样。凯利冷漠地说："要么掉头，要么只有车毁人亡了。因而，我们不得不与他人建立起一种更为亲密的电子化关系，通过共享信息系统来协调诸如生产周期的变化。"

流程再造是近来企业一直较为关注的话题，但是，很多企业的流程再造都是将企业看成一个"闭环"，通过流程再造，来提升企业的效率，降低企业的成本。其实，这样的再造，非但没有提升企业的效率，反而降低了效率。

企业存在的可能就是不断地创造客户价值，只有创造客户价值，企业才能保持持续获利。但是，尽管我们大谈"以客户为中心"，其实并没有真正地建立起"以客户为中心"的组织流程，对客户的问题和需求做出正确即时

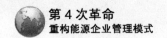
的响应。因此，从客户端开始进行企业的流程再造，才能真正实现"以客户为中心"管理体系的构建。

关注客户流程再造

现在，我们再看一个案例，就能更清楚地看到客户驱动流程再造的商业价值，通过关注客户流程的再造，从而实现商业合作的成功。

如果一个公司在众多防守严密的竞争对手面前仍能保持自己的地位，这可以称为成功了。但如果一个公司能够在停滞不前的市场中，在其他人都在为生存而挣扎的时候保持两位数的年增长率，这就令人惊奇了。这就是江森自控的故事。

这一位于密尔沃基的江森自自控公司，是在 1985 年由沃伦·江森教授创立的，江森教授是早期的恒温器的发明者。到 20 世纪中期，公司已经发展成为建筑自控领域的主导商家。然后，在 1985 年，公司收购了胡佛环球公司，一家为主要汽车制造商生产座椅配件的公司。公司通过这种方式快速而强势地进入了汽车零配件的新领域。胡佛公司变成了江森自控的汽车配件供应部门。

江森自控的新业务线的表现并不像预期的那么有吸引力。美国的客车零售业已经陷入停滞状态；1985 年之后的十年中，销售额从每年 1540 万美元降到了 1480 万美元。作为座椅配件的中等规模供应商，江森在这一行业中是一个低利润的公司，而且前景低迷。

江森自控进入的这个行业是以资本和劳动力密集的方式制造座椅之类的汽车配件，业务环境普遍效率低下。三家汽车巨头都采用自行设计并装配座椅的方式，只是向多家供应商购买零件。例如，克莱斯勒所装配的座椅的零件就来自 26 个以上的供应商。

这一模式在经济效益好的时候仅仅算是一种浪费罢了，而在经济效益差的时候则成为财务上的负担。所有这些雇员、机器、工具和存货都代表着很高的固定成本，一旦产业循环进入低迷期，这些固定成本就会把利润拉下来。在 20 世纪 80 年代早期，整个产业都陷入萧条。更糟的是，随着更精良、更便宜的进口车渗入美国，三大巨头正在失去他们的市场份额。

要想生存下来，三大巨头需要达到三个目标：降低制造过程中的固定成本，简化他们的汽车设计过程，并使得他们的生产系统变得更灵活有效。它们必须做到这些，并且同时大幅度加宽他们的客户选择范围。

帮助客户实现目标

江森自控意识到，它应该定位于帮助汽车制造商达到这些生死攸关的目标。公司将其市场位置看做一项独特的隐性资产，其在座椅零配件生产中的位置可以成为新发展活动的铺垫。

现在面临的挑战就是，要找到一家愿意把这样一个重要子系统的设计责任托付给供应商的汽车制造商。

1989 年，公司的努力有了结果。克莱斯勒邀请江森自控为其新车型"彩虹"设计座椅。"这关系到生存的问题。"吉姆·杰斯科江森自控副总裁兼总经理回忆道，"客户想把他们的供应链变得更为精益，而我们则帮助他们改变了他们的开发模式"。

从提供座椅配件到提供整套座椅系统，这种角色转变一开始并不顺利，问题就在于江森自控制定的座椅的目标价格上。最初，公司提出了每个座椅 450 美元的价格。江森自控所不知道的是，克莱斯勒的目标价格是 330 美元。这个差距说明了双方对座椅规格的看法是多么的不同。

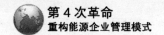

双方都感到不安，都认为自己被对方误导了。双方都陷入了传统外包关系的框架里，客户向供应商提出规格要求，供应商随后提出一个可协商的价位，双方再努力采用策略以获得最有利的价格。这种关系实质上是把双方又看成了交易的对手。

如果江森自控想要为克莱斯勒承担设计座椅的更广和更深的责任，这种关系必须改变。公司必须学会理解克莱斯勒的内部流程和底线、他们的设计标准和预算要求，成为真正意义上的商业伙伴。

优化客户流程

江森自控担心这次珍贵的机会流失，很快就从公司的各个部门抽调人员，组成了工作团队，代表江森自控进驻克莱斯勒，去实地研究了解克莱斯勒的需求和运营状况。"我们在三个月内对克莱斯勒的了解比过去五年加起来还要多，"一位经理如此回忆道，"我们了解我们的自身能力，我们知道需要怎样做才能完成工作。我们找到了新的做业务的方法"。

在三个月内，江森自控通过与客户共同工作，不再是只关注座椅的设计和制造流程，而是关注客户作业流程，关注座椅与汽车的整个系统结构。进行整合零部件、减少零件数量、设计得更易于装配以及减少开发过程中设计者与制造商工程师之间大量的频繁的交流时间，帮助克莱斯勒降低其座椅的整体成本。通过共同确认最重要的设计要求，将座椅的成本降低了一百美元！

交易顺利完成了，江森自控学到了重要的一课：当客户的意愿可能会阻碍刚开始的发展时，有必要发掘隐藏在客户内部的特殊原因，加以满足，这可能会为你带来新的突破。

最后，"彩虹"大获成功。克莱斯勒将江森自控作为这次成功的主要原因，两个公司一起开创了一种新的买主与供应商的伙伴关系。这种关系要求双方彼此非常信任，而且愿意容忍协定的条款存在一定的不确定性。但最终，这种伙伴关系为双方创造了空前的利润。

对克莱斯勒来说，这种方式能够更有效率地生产质量更好、成本更低的座椅，而且减轻了它在设计和生产方面的负担。对江森自控来说，克莱斯勒项目的成功——尤其对比通用汽车混乱的供应商关系——为其他汽车供应商指出了一条更有吸引力的发展之路。江森自控现在走出了传统的采购模式。传统模式中，大量分散的供应商拥挤着想把零部件卖给少数几家强大的垄断汽车制造商。

现在江森自控可以获得整体座椅系统的销售合同，这不但为客户创造了价值，也提高了公司自身的利润。很快，其他的汽车制造商开始向克莱斯勒学习，将更多的座椅设计项目交给了江森自控。

每个企业都在自身价值链上，寻求降低成本的有效方式，当他们的视线被锁定在这一环节上，就挡住了企业家的视线。今天，流程再造不再是始于公司内部，终于客户服务的过程优化，而是始于客户，进行系统的流程再造。因为，客户追求的是价值，而不仅仅是价格。如果企业还没有认识到这一点，做好应对的准备，就难以进行有效的流程再造，提升竞争力。

来自全球范围的强大竞争压力、企业内部令人沮丧的低效率以及存留在企业之间、企业与客户之间的冗余的工作联系，已经成为驱动这场席卷全球的大变革的主要动力。显然，这场变革是完全可行的。因为，企业已经拥有了全方位的信息媒体，拥有了无所不在的互联网以及与之相关的其他各种技术。众所周知，互联网能够将整个世界连接为一个无缝隙的交易网。

3M 发现客户生产过程的问题

3M 是世界上最善于创新的公司之一。公司 2001 年总营业收入 167.2 亿美

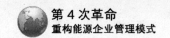
元，比上年增长了 6.5%，净赚 17.8 亿美元。与同业比，资产报酬率和投资报酬率一直遥遥领先。平均资产回报率是 16.84%，高出行业整体水准近一倍。

是什么力量让这个公司能在如此多的领域取得了惊人的业绩呢？"我们会成立跨功能的跨国团队，并针对特定的用途设计流程。接着在客户的协助下，弄清楚重要的流程变数，以及流程中所存在的价值机会来源，最终找到总成本最低的解决方案。"3M 公司的 CEO 这样解释。

3M 专门制造及出售大量产品给企业客户，这些企业基于技术和经济的考虑，为了特定用途而购买 3M 的产品。合理性与经济性，尤其是客户执行流程或使用 3M 产品时的总成本，是 3M 公司最注重的优势。

以系统化的组织流程，积极协助客户减少整体运营成本，并与经销商和终端用户建立更有效的界面，是 3M 公司成功的秘籍。

追求低成本的解决方案让 3M 得以深入研究客户的运营作业系统，有时甚至会比客户自己还深入。3M 有一家经营纺织厂的客户，它过去都是用 3M 的粘剂把橡皮套固定到卷轴上，3M 要帮它算出这种机器运转的总成本，包括定期更换橡皮套的安装成本在内。这方面的资料客户也一知半解，3M 也想要搞清楚，并着手降低这项作业的总成本。

结果 3M 想出了一个办法，那就是用钩环系统替代黏胶。这个办法缩短了更换橡胶皮套的时间，使机器的停工时间也跟着缩短，停工时间一短，整个运营成本自然就会降低。至于新的系统价格则有一个固定标准，使双方可以公平地共享改革解决方案所能带来的利益。如此一来，客户可以省钱，3M 则可以赚更多的钱，这是一个双赢的局面。

了解客户的成本和运营是相当复杂的过程，不仅需要完全融入客户的运营当中，同时还得建立互信关系。在研究更好的解决方案方面，3M 采取了结盟的方式。

以上家纺织厂客户为例子，研发进行了 20 个月。有时候公司所提出的解决方案没能帮助产品部门省到钱，反而让价值链中的下一个部门或是客户的下游客户捡到了便宜。另外一种情况则是，所省下的钱都是间接成本或经常支出。比如在某家客户的工厂中，医疗支出是 100 万，自从工厂采用了 3M 特殊做法后，机器操作员便不必再徒手执行某些重复的动作。如此一来，由于减少了事故发生的机会，因此工人的停工时间和医疗成本也跟着减少。

3M 在为客户发现最低成本的时候，它们也不仅仅是在贩卖一种产品，它们在帮助客户更好地工作，为客户创造更大的价值。

以客户为中心重构组织

ABB 为了复兴，真正转变为一家服务型企业，其组织结构也从产品事业部转向客户事业部。

2001 年 1 月 11 日，ABB 集团总裁兼首席执行官 Jorgen Centerman 于瑞士苏黎世宣布，ABB 正在以客户为中心，重组其全球企业结构，ABB 集团现有的业务部门被四个新的客户部门取代。这四个新的部门为最终用户提供服务，同时，与两个产品部门及金融服务部密切合作，提供服务。ABB 是业内第一家完全以客户群而非以技术种类划分其结构的公司。

他表示："重组后的新结构使我们更快更易向客户提供价值服务，公司发展得更迅速。我们正在响应市场上无声的革命，这场革命使商业发生了翻天覆地的变化。互联网使商业变得更加复杂和快速，面对这种形势，我们的客户要求方便快捷的服务。重组后的新结构能使我们更容易与客户沟通，不仅充分体现我们创造价值的理念，而且还能帮助客户提高竞争力，同时也给公司的持续增长注入新的活力。"

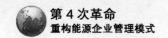
一站式的客户解决方案

重整将从企业结构开始。以客户为中心的架构，使客户不论需要何种的服务时，都能得到最直接和便捷的接待。为了使顾客满意，所有的客户代表必须掌握了解公司的各类产品及顾客的需求，以提供卓越的客户服务。

公司内将不再有以产品分类的客户管理团队，也不会出现多个销售团队服务于一个客户，或一个个案由一个销售部门转至另一部门的情况。客户将获得一站式的解决方案，由始至终。

1998 年即开始实施 CCRP

ABB 终将 CCRP（Customer Complaint Response Process，客户投诉响应流程）贯彻在全球的各个分支。这套管理程序是公司内部开发，针对客户投诉可登录、响应和跟踪处理进程的系统。这样相关人员和管理人士可随时浏览该系统作出响应。

ABB 一向十分重视顾客的意见，不论是通过电话、E-mail、信函或是面对面形式的投诉，他们都会严谨处理。除了人力资源部门和行政管理部门外，所有有机会跟客户当面接洽的前线人员，公司要求他们系统记录所有投诉的细节，然后通过E-mail跟相关部门沟通。

北京24 小时全天候呼叫中心

目前，ABB 中国的呼叫中心位于北京。由 10 个专业工程师通过 2 条服务专线和 1 个服务传真，24 小时为客户提供全天候的技术支持服务。曾经半夜 3 点，被同事一个电话从床上叫起，回答有关 Y2K（千年虫）的问题。这样的情况在 ABB 的呼叫中心经常发生。

全生命周期理念

ABB 实施的顾客核心计划是一项不断调整自己创新客户价值的方式。伴随 ABB 全球业绩的改善，可持续发展正在成为 ABB 商业价值的核心所在，它所倡导的产品生命周期理念正在重塑电力工程行业产品价值观。

这意味着我们不仅关注产品本身和产品成本，而且更关注使用过程中的能源消耗的周期。

可能很多人仅仅是考虑购买产品的成本，而在 ABB 评估新产品的投资成本时，会考虑原材料的安全性和能源的使用情况。基于能源安全性的新产品的质量，我们采用产品生命周期系统对产品进行评估。

产品在生产和使用的过程中都需要消耗能源。比如电机，在产品使用的过程中，可能需要消耗更多的能源，或者用更多的能源来处理它。过去，人们可能仅仅考虑这类产品在制造过程中消耗的电能，并不考虑在产品使用周期中消耗的电能。我们会帮助客户评估产品在整个生命周期中消耗的能源。

在 ABB 看来，最宝贵的能源是节省下来的能源，而产品的整个生命周期都是节省能源的过程。这其实，是从传统的产品价值导向转向客户价值导向，关注客户使用产品的整个流程的经济性。

ABB 特别强调"产品全生命周期评估（LCA）"是帮助企业实现低碳经济的一种主要途径。LCA 通常用来考察产品在整个生命周期内从研发、制造、运行到处置回收各个阶段对环境的影响，产品在生命周期内所消耗的材料、能源和排放的全部数据被记录在案，并计算出其对全球变暖、臭氧消耗等各类环境问题的影响程度。也就是说，用户不仅要关注产品采购成本或使用阶段，更要综合考虑产品在整个生命周期内对环境的影响。

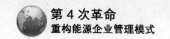
采用增效节能效果更好的产品，不仅可以降低对环境的影响，还可以通过节约能源开支来进一步增加投资回报。这样的产品并不意味着更昂贵，我们希望客户在使用产品的过程中，通过能源节约，在两到三年之内获得投资收益。

有些产品确实在初期投资时会比较贵，但这不可一概而论。比如说电机，如果从整个产品生命周期来看，它的生命周期耗能成本和购买成本是100：1的关系，这意味着产品在使用过程中的能耗节约可以带来更多价值。电机的成本是1元，后期能源消耗是100元，如果我们降低2%的能源消耗，客户的成本就变成了98元，客户的成本降低了。ABB长期致力于提升能源的使用效率，这并不是激励某个人的问题，而是整个研发系统的策略。在研发方面投入资金，并且进行规划，希望提供给客户更高效率的电力解决方案。

比如柔性输电系统（FACTS，Flexible AC Transmission Systems），当进行长距离输电的时候，最大的问题是线损，导致能源损耗。ABB利用自己的柔性输电系统，设法在输电的过程中更有效率地输送电流，减少损失。举例来说，电站可能有100%的电源，但是到用户端可能只剩下了一半，这就是线损。通过我们的柔性输电系统，电源可能保留80%。这就像倒啤酒，在倒啤酒的过程中会产生很多泡沫，而柔性输电系统可以减少泡沫。

全生命周期理念是关注客户流程，即客户使用产品的过程，也就是说电网公司的流程再造，过去是将企业看成一个闭环，进行流程再造，其目的，是降低企业自身的成本，提升企业的效率。现在呢？必须打开这个"闭环"，关注客户的流程再造，帮助客户降低成本，帮助客户提升效率，通过客户价值再造，驱动企业自身流程再造。

推倒企业的墙

如果要想转变成"以客户为中心"的管理组织，就必须打破企业内部各自割据的业务部门。为了实现客户系统的解决方案模式，就需要整合相关业务单元，有时甚至还要推倒企业的墙，联合企业外部的力量，形成跨组织的团队，共同为客户创造价值，提供更高的效率和更好的服务。

2009 年 10 月，西门子将旗下工业领域内的三个集团 BT、IA、DT 进行整合，重组了六十二个销售团队，并成立了建筑与基础设施业务部门。整合的目的有两个：一是用专业的团队对建筑智能化提供解决方案；二是继续体现西门子的传统理念，即与客户保持零接触，把销售机构建立在更贴近客户的地方。

整合是为了更高的效率和更多的效益。西门子 IA&DT 的业务组织架构加上 BT 的专业人员，可以为客户提供更加整合的解决方案，同时增强西门子在行业内的竞争力。

西门子相当一部分的业务来自于工业和基础设施，而这一领域的客户对楼宇科技的产品也有相当的需求，这样就会给楼宇科技的团队创造更多的商机，反之，楼宇科技的客户也会关注或需要工业领域的相关传统产品。

整合后带来更多的商机，这对整个销售团队来说，是非常容易促进相互间的学习和合作的。而对客户来讲，整合后的西门子可以提供更完善的项目解决方案，使客户体验一站式的服务。

霍尼韦尔也重构了组织，设有四大业务集团，分别是航空航天集团、交通系统集团、特殊材料集团以及自动化控制系统集团，在全球共有 122,000 名员工，向世界各地的客户提供由同一品牌承诺支撑的多样化的产品和技术方案，使得霍尼韦尔得以用长期积累的知识和经验帮助世界各地的客户应对

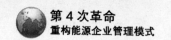
全球宏观趋势带来的诸如节能和安全方面的严峻挑战。

合作伙伴关系的基础是了解客户的需求。霍尼韦尔致力于在项目初期就与客户充分沟通，分清轻重缓急。由于客户分布范围很广，包括企业主、工厂经理、工程师、承包商等。因此，解决方案要满足各层次的需求。从拜访客户变为与客户共存，量身定制解决方案。

霍尼韦尔致力于成为客户的合作伙伴，帮助客户解决业务问题。不管是降低预算，提高运作效率还是优化设备，霍尼韦尔首先是对人和问题进行实地研究，而不是在脑中空想出一些技术组合。

霍尼韦尔的全球专家和当地公司中的精英都会参与到每个项目中，为合作伙伴提供咨询服务，在项目的整个生命周期中为他们提供帮助，包括项目前期的设计，中期的执行及后期的维护。这就是霍尼韦尔的承诺——我们为你创造一个更安全、更舒适、更节能、更有创新力和生产力的环境。

从客户出发进行流程再造

乐普四方是节能行业中起步较早的企业，耗时四年多的时间，通过近百万次的实验和论证，至今已形成一整套完整可行的节能实施方案。而乐普四方专业的 EMC（合同能源管理）服务团队，更是有了近十年的实践技术和经验，以保证 EMC 服务质量。

在乐普四方，EMC 的执行过程被分成售前和售后，一切都是以客户为中心，按照客户的特点，针对客户的需求，实施节能方案。也就是说，企业的流程设计和优化，不是从企业内部出发，而是从客户价值的创新，进行流程再造。

接到节能项目，乐普四方首先派出售前团队，去企业现场勘察，了解企业的工作环境、工艺特点、节能需求，细节上甚至包括企业的产能、生产的季节性、风机水泵品牌使用年限等。售前团队会结合客户的节能需求，使用恰当的节能设备，设计合理的节能方案。与之配套的是，乐普四方还有一个专业的审核机制，审核人员由乐普十几年积累的 EMC 节能服务的专家工程师和项目管理人员组成。"只有通过对客户现场审核的节能方案才能付诸实施，而且，专业工程师缜密的设计和判断，几乎是决定节能效果的成败关键。"

进入节能过程，和许多设备提供商不同的是，乐普的 EMC 项目都有专门的现场售后服务。安装工程结束后，乐普四方的售后工程师开始进驻现场。他不仅要维护节电设备的安全稳定，还会帮助客户进行相关联设备的监测，对设备的异常情况在第一时间采取措施，大大降低了由节电设备或关联设备故障产生连锁反应而带来的影响，真正做到"防患于未然"。

如今，乐普四方在中国能源领域提供节能增效管理解决方案已经得到钢铁、石化、电力等高能耗行业用户的高度认可。

如果要想转变成"以客户为中心"的管理组织，就必须打破企业内部各自割据的业务部门。为了实现客户系统的解决方案模式，就需要整合相关业务单元，有时甚至还要推倒企业的墙，联合企业外部的力量，形成跨组织的团队，共同为客户创造价值，提供更高的效率和更好的服务。

电力公司的困惑

让我们来看这样一个在教学中，学员进行的实际案例研究。

2010 年 12 月，某县五位居民客户委托张先生到当地供电公司营业厅申请分户。

场景一：供电公司受理业务后，勘察人员现场勘察确定表位及材料单，客户交纳分户改造费用后，装表人员前去现场装表，但遭到五户中的一户反对，原因是在没有征得本人同意的情况下，不允许将表箱安装在此。现场工作人员未向客户解释就离开现场。委托人赵先生拨打"95598"服务热线进行投诉：费用早已交清，供电公司迟迟没来安装。

场景二：接"95598"工单后，工作人员再次来到现场，当安装人员完成施工进行接电前检查时发现，客户室内闸刀开关下桩头带电，原因是这五个用户内部线路共用一根零线，存在很大安全隐患，需客户自行整改后才能送电。现场工作人员未向客户解释清楚就再次离开现场。

场景三：客户对此难以理解，又拨打"95598"进行投诉。接"95598"工单后，工作人员告知客户：室内线路产权属于客户，不属于供电公司维护范围，需客户自行将各户内部线路分割开，待内线整改到位后，即可送电。后经客户自行整改，满足接电条件后，供电公司完成了此项分户业务。

学员通过分析造成以上问题的原因是：1. 勘察人员在现场确定表位时没能与客户及时沟通，造成表位不能被客户接受，现场无法正常施工，延误接电时间；2. 现场安装人员对现场出现内线隐患，没有对客户进行技术指导，也没有向客户详细说明应由客户自行整改；3. 工作人员对客户的焦灼情绪没有进行有效安抚；4. 现场工作人员没有将现场出现的突发情况及时报告业务处理人员，致使在处理时很被动。

针对以上问题学员认为应该采取的措施是：1. 树立始终以客户为中心的理念，就意味着你始终要站在客户的角度去思考问题、理解客户的观点；2. 树立全员优质服务的意识；3. 建立优质服务常态运行机制；4. 建立和完善优质服务的监督和考核机制；5. 健全优质服务的内部激励机制；6. 提供个性化的服务。

其实我们看到，这些解决方案都是口号性的，喊得声音挺大，却解决不了这小小的问题。尽管我们都在说以客户为中心，但是，却没有真正理解以客户为中心的管理理念，更谈不上在实际工作中的运用，这个案例中的根本问题出在现场勘察环节，既没有征求所有用户的意见，也没有发现用户的安全隐患，当然，也谈不上让客户自行解决这一问题了。

在课堂上，我问学员为什么让客户自行解决，他们却回答：室内线路产权属于客户，不属于供电公司维护范围，我们如果在工作中出现了问题，还会给自身带来不好的影响，真是让人哭笑不得。这就是长期以来，制约着我们提升服务品质的机制造成的。尽管这个案例拿出来研究，有点小儿科，但的确反映了我们管理中存在的问题。

电力维修谁专业？客户，还是电力公司的技术人员？答案显而易见。为什么让客户自行整改，因为怕承担责任。那么，我们想想，客户要的是什么？你给我安全地供电，其他的事情我不管，为什么我们为客户提供完整的解决方案，目的是让客户更省心、更放心、更安心。

因此，从企业流程出发你无法提升服务品质，这就应该转向客户流程的优化，其目的是降低客户的成本，提升客户效率。如果我们的服务从客户端开始，我们就会将客户的流程优化成，报修—协助勘查—施工完成，客户会更加满意。

第四章　免费的商业时代

　　仅仅理解了以客户为中心及流程再造还不够，因为这并不能保证企业在未来能够保持持续的竞争优势。由于财富发生了转移，导致企业必须进行商业模式的创新。没有免费的午餐已成为过去，现在我们正享受越来越多的免费产品与服务。但是对于企业来说，免费不是目的，而是重构商业模式。

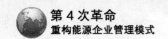
"天下没有免费的午餐"已经成为过去式。今天，互联网已对传统的商业世界进行了前所未有的商业革命，免费享有我们曾经不敢想象的东西。

过去，我们看报纸要花钱，今天，我们正在从互联网上获得比传统媒体更多的信息，而无须付费；过去，我们寄信，需要贴上 8 分钱的邮票，还要在下午 3 点钟之前把信函投到邮局的邮箱，才能保证及时发出，再慢慢等待收信人的回函。今天，这些都一去不复返了，只要通过电子邮件、手机短信、QQ 等众多的沟通方式，实现免费的互动交流。

过去，什么杀毒软件市场占有率最高，当然是瑞星。如果，我们从营销的 4P 分析，即产品策略：瑞星的产品质量、技术、性能等都是最好的；价格策略：瑞星的产品定价 160 元左右，很多消费者也买得起；渠道策略：瑞星的渠道也耕耘得比较细致，消费者很容易就能够买到；促销策略：瑞星品牌在目标群体中享有很高的美誉度，我们经常能看到朋友、同事的电脑里和我们一样有一个可爱的小狮子，不断地帮助电脑杀毒。这样看来瑞星的运作都是成功的，而且，占有很高的市场份额。

今天呢，你用什么杀毒软件，我们会毫不犹豫地回答是 360。短短的时间，一个名不见经传的杀毒软件，就革了瑞星的命，而且，2010 年的愚人节之前，还在海外成功上市，引得业界哗然。而瑞星和金山，才醒悟过来，纷纷模仿360进行免费和开放，如果不能重塑竞争优势的话，将被彻底革命。

是什么力量，让360在竞争惨烈的市场中杀出重围，脱颖而出的呢？是质量和技术高于瑞星？是360的人才比瑞星的人才结构更好？是渠道和广告做得更胜一筹？究竟是什么呢？这就是免费的力量。但如果单纯的免费也不合理，那企业靠什么来支撑呢？而是打破了旧的盈利法则，重构了商业模式。

世界著名的巴黎商学院，有10条关于企业经营管理的"黄金法则"，其中一条就是：经商最重要的不是资金，不是人才，而是商业模式。

为什么认为商业模式比资金、人才还重要？也许很多人都不会苟同这一观点。然而，只要作一番深入分析，就会感到这观点实在太有道理了，透过对各种企业发展历史的分析，我们不难发现这样的一个"真理"：经营的根本目的是赚钱，而赚钱的核心在于商业模式。

能源也能免费卖

基础工业物资供应是世界上最艰难的生意之一。供应商不得不投入大量的固定资产，面对需求和价格反复变动的风险，还要抵御激烈的竞争来维持利润。在金属、化工、石油行业，每一个公司几乎都在提供没有差别的产品，并且也没有真正意义上的技术突破能够将公司推到最前线。

而且，基础物资供应商往往在识别和分析其客户面临的关键问题上处于劣势。他们处于价值创造的很远的上游，客户对他们持一种想当然的态度。一旦地缘扩展或资源枯竭，传统的增长就要变动，全球经济的动荡会使这些供应商面临高度风险。

液化空气公司就处于这样的行业，然而它已经能够通过商业创新来为客

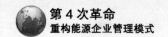
户创造价值，并在这个高风险的行业中获得新的增长。作为一个历史长达一个世纪、传统的工业气体公司，液化空气利用其自身对生产、配送以及专业技术知识获得了转型，并解决了客户面临的许多问题。

在艰难中探索

液化空气公司 1902 年成立于法国，向钢铁、汽车以及其他工业品生产商销售气体。作为使用低温技术生产如氧气、氮气的先驱，液化空气公司一直持续地改进它的气体生产过程并占有 19% 的全球市场份额，被公认为这个领域的领导者。

在 20 世纪的绝大部分时间中，工业气体行业是一个很"整齐"的行业，有着十分明显的进入壁垒，很少有直接的竞争。产量是最为重要的，整个行业的高层管理者都有抢夺土地的意识：抢先修建工厂和输气管道以占领当地市场，这样市场份额和财务上的成功就随之而来。许多情况下，增长战略就简单地等同于在地图上挑选一个地方，在那里设立工厂，并顺其自然地估计在以后的三年内满负荷运行，财务回报就会自然而来。

但是，在 20 世纪 80 年代后 90 年代初期，随着新的竞争者的加入，以及类似于钢铁厂这样的终端用户的衰落，旧的规则逐渐瓦解了。在 90 年代早期，经济陷入萧条，这个曾经十分"整齐"的市场为了争夺用户开始陷入了价格战。由于各个厂商的产品几乎没有什么区别，用户当然会毫不犹豫地转向价格更低的厂商。为了争夺新生意而进行的残酷的商战使一些陷于产量驱动思维的公司不顾后果地增加产量，随之而来的便是整体边际利润的恶化。

液化空气公司臃肿的、中央集权的层级机构使得问题雪上加霜，导致很多顾客感到不被重视或是被丢弃的感觉。顾客发现，即使想得到基本的商业信息都要等上一辈子。由于当地办事处缺乏信息和自主权，非常简单的账务咨询会演变成为复杂的争论。

按照传统，所有的账务都由位于巴黎的公司总部来处理，在那里一个大型计算机每天要处理三万份账务。远在外地的液化空气公司的销售、营销及客户服务队伍不能够直接获得信息，无法为本地客户修改账目，并且不得不经过很多的层级来取得信息。

也难怪液化空气公司的28000名员工，都开玩笑说公司这个计算机无异于一个"气体部长"。液化空气公司的销售也由于市场的变动而处于下滑状态。从80年代中期到90年代早期，液化空气公司三年内平均收入增长率从10%下降到了2%，运营收入增长率从10%下降到了1%。未来的前景看起来不外乎增长停滞不前，利润被挤压，价格竞争激烈，产品不断地同质化。

客户给的警醒

面对这样的趋势，绝大多数的物资供应商反过来投入双倍的研发能力，寻找更为有效的生产过程以及开发产品的新性能，液化空气公司也是如此。液化空气公司增加了研发的投入，研发费用几乎达到总收入的3%。

但是当液化空气公司在1989年进行第一次客户调查时，却受到了一次重大的打击。当要求客户给公司赖以自豪的研发打分时，客户绝大部分认为是无关的。"即使我们完全没有做研发工作，客户对我们的感觉也都是一样的"营销副总裁吉恩利纳德这样说。

从客户的角度来说，这是可以理解的。液化空气公司的研发工作是在一个集中的组织中进行的，几乎没有来自客户方面的参与和互动。研发的重点主要集中在提高自身的生产过程，而不是给客户提供新的产品，并且产品创新也不实用，是由于他们没有真正理解客户的需要和商业环境。

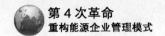
例如，纸浆和造纸工业传统上使用漂白剂来漂白他们的产品，这种做法是生态保护者不断反对的。液化空气公司发明了一种替代工艺，可以用臭氧来漂白纸浆。但是，由于这种工艺要求重新设计整个造纸厂，成本是十分昂贵的，因而在多年之内公司的发明毫无用武之地。

液化空气公司的工程师、科学家和经理们对调查的结果感到很懊恼。很显然的是，公司和它的客户想的根本不是一回事。在不知道客户需求的情况下，仅仅在实验室里发明新产品是无法帮助液化空气公司保持其行业领先者地位或者解决其增长危机的。

发现知识的价值

液化空气公司传统的技术实力没有为公司创造增长机遇，也没有为客户提供新的价值，但是经理们很快就发现，液化空气公司在其历史上所开发的技术和创新是一种隐藏的资产，如果能用于合适的方向就能够创造新的增长点。

实地生产为在客户与液化空气公司之间进行高层次交流打开了一扇门，并且可以了解到客户商业运作的第一手资料。液化空气公司的实地生产团队很快就发现了他们的工业客户许多紧迫的需求，这些需求是液化空气公司能够帮助其解决的，例如提高运营效率、提高产品质量、减少各种不同生产过程对资本的要求等。在经过公司重组之后，实地生产团队被赋予了开发这些新商机的权力。

打开魔法箱

液化空气公司拥有的哪些技术知识对客户是有价值的呢？我们从能源效率开始。就像液化空气公司的许多客户所处的行业一样，气体生产是一种能源密集型行业。实际上，能源占到了气体生产全部成本的60% ~ 65% 。相应地，液化空气公司早就集中注意力来开发使整个生产过程中能源得以优化使用的技术，这种技术现在同样能够用于许多客户的生产过程。

液化空气公司充分利用其重新发现的专长，集中将传统的气体产品与新的服务整合来解决物质处理问题。这使公司能够区别于其他供应商，同时，争取新服务的佣金。

看看液化空气公司是如何与德国最大的化工与塑料生产商——巴斯夫BASF 联合，来管理 BASF 所有的气体生产和处理活动的。BASF 要监控管理氮气、氧气、氢气、一氧化碳，以及从它们的源头到塑料生产点的气流，这显然是很复杂和昂贵的。

液化空气公司为 BASF 提供了实地生产和对所有这些气体的管理，包括库存监测，再定购和实地配送管理。公司的技师也为 BASF 处理很多其他的与气体有关的生产过程，包括按照生产要求转换过滤器和混合器、设备维护、购买订单处理、安全和排放控制。作为这种广泛关系所产生的结果，BASF 的气体管理成本已经明显下降了。例如，仅液化空气公司灵活的库存管理就为 BASF 节约了30% 的气体成本。

液化空气公司现在是 BASF 所有打包气体的独家供应商，他们通过帮助BASF 处理相关运输问题，也获得了额外的佣金收入，在 BASF 生产管理支出中分一杯羹。

免费的气体

以上这些只是液化空气公司新增长复兴的开始。外派员工通过长期在客户处实地解决气体生产问题，并且提供基础的气体处理服务，将以前客户自己做的很多工作承揽到自己这里，并在这个过程中满足更多更复杂的客户需

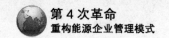
求。这样，液化空气公司的实地气体生产设备成为又一个隐性资产，"出售服务是一个机会问题"，液化空气公司总经理伯努瓦·波提耶说，"我们利用我们的实地工厂来创造这种机会"。

"真正的转变，"前 CEO 莱恩·莱利补充说，"并不是技术本身，而是看到了能够与适应当地客户需求的技术共同发展的服务市场"。

液化空气公司的经理们很快就发现，客户们越来越关注更为复杂的需求，如最大化工厂的产量、最小化停工期以及限制环境污染和其他方面的危害等。为了解决这些问题，液化空气公司使用他们的实时监控技术来为客户管理气体，从生产投入一直负责到以气体为原料的产品生产。在这个过程中，公司能够保证产出并且承担客户所面临的生产风险，同时可以更为熟练地处理这些生产过程而赚取新的利润。

食品行业有一个很好的例子。一家以鸡蛋为原料制作食品的公司要寻找制作速冻煎蛋卷的方法。此时，液化空气公司开发了一种集成的服务包，其中包括一个可以调整的气体管道以使得速冻参数适应各种不同类型的煎蛋卷，一个自动的液态氮气输送系统，一个质量控制系统，可以使用传感器和分析器来探测油、水和其他原料在食品制造过程中的行踪。这个装置减少了所需要的人力，更为重要的是极大地减少了错误和损坏的风险。由于液化空气公司只有在生产的煎蛋卷完好的情况下才获得报酬，这样就减少了其客户面临的风险。

液化空气公司通过发挥在气体监控和使用控制方面的能力来为客户解决新的问题，也为自己创造了一个赢得价值的机会。现在，液化空气公司并不是简单地根据客户所消费的液态氮的容量来向客户收取费用，而是根据出售的整套系统和技术、咨询与设计的专业知识、风险管理和质量保证来获利。液化空气公司的利润空间同样也提高了，因为这些服务比单独的气体产品更具有价值。

帮助客户发电

液化空气公司的集成服务明显证明了隐性资产在为客户创造新价值中的作用。公司的电子产品与服务部经理说，"通过利用我们的知识和经验，如详细记录维修和维护大型数据库，我们能够帮助客户减少停工期和生产成本，降低维护费用，避免增加成本的质量问题和减少对多余库存的投资"。所有这些都是很实际的收益。

液化空气公司对于新增长途径的探索，并没有因为有了气体和化工的集成服务而停止。它也将自己的专业知识用于自身和客户的危险物质管理中，以期得到优化客户供应链的一套服务和信息系统。这种系统包括收集工业数据使客户比较、预计、建模和优化他们的生产运作；在单个或者多个工厂优化产出；远程管理固定设备库存等。

液化空气公司也进入了能源生产的领域。它的很多客户处在能源密集型行业中，要消耗大量的电和水蒸气，同时希望尽力控制排放和浪费。由于液化空气公司每年使用的电力大约需要两个中等规模的核电站产生的电量，他们因此开发了一整套能源优化使用的方案，同时还注重污染的减少。由于在能源生产和优化上的创新，2001 年他们降低了 9% 的能源成本。

具备了这种专业技术知识后，液化空气公司同欧洲最大的钢铁生产商阿塞洛商谈合作，合约中，液化空气公司将利用阿塞洛钢铁生产的副产品——气体，用于发电。公司使用自己所发的电来降低生产成本，同时也将其出售给客户和电力公司。

财富的转移

通过抓住服务业中的新机会，液化空气公司将其潜在的市场从工业气体

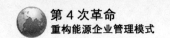
扩展到了很多个相当于原有市场两三倍大小的市场。服务收入从1991年占液化空气公司收入的7%上升到了现在的22%，并且预计将达到30%。这代表了大约每年18亿美元的收入。由于服务业比传统的气体供应有着更大的利润空间，其对利润的贡献也就更大。

这种不再单单依靠气体销售的改变，也使得液化空气公司能够减轻其他对手们所受到的经济波动带来的打击，使每一个合同的收入都比以往增加并能签订更长时间。正如莱利所解释的那样，"我们已经通过关注我们的服务和与客户的长期合同，来使我们免受世界经济波动的影响，现在，我们的业务中仅有15%~20%受全球经济波动的影响"。

由于在服务方面取得的成功，液化空气公司在过去的几年中已经取得了令人瞩目的财务成果。从1996年到2001年，公司收入平均每年增长10%，营业收入增长14%，市值增长9%，而此时的市场正周期性地下滑。正如前CEO莱利在1999年所观察到的一样："我们向服务业的转型使我们的资本不像以前那样密集。我们的目标是要在能够产生稳定的现金流和利润的核心业务与需要较少资本和更多知识的服务之间寻求平衡。"

创新商业模式

通过这个案例，我们可以看到，在整个行业陷入恶性的竞争旋涡中，法国液化气却看到了隐藏其中的机会，通过知识进行了成功的转型，从一个简单的能源供应商转型为解决方案的服务商，获得了新的利润增长。

在为一家以鸡蛋为原料制作食品的公司提供的不再仅仅是气体，而是寻找制作速冻煎蛋卷的方法。此时，液化空气公司也改变了盈利模式，不是简单地根据客户所消费的液态氮的容量来向客户收取费用，气体免费，而是以出售的整套系统和技术、咨询与设计的专业知识、风险管理和质量保证来获利。

液化空气公司不仅仅为 BASF 提供气体，还关注 BASF 的生产过程，同时，还通过帮助 BASF 处理相关运输问题，也获得了额外的佣金收入，在 BASF 生产管理支出中分一杯羹。

其实，这以上不正是"合同能源管理"模式吗！其实，合同能源管理，既不复杂，也不神秘，只要我们理解了以客户为中心的管理思想，这些模式就会自动引发出来，甚至还能创新突破，跳出合同能源管理的框框，不就是一个定义吗？都是人为的，随着时代的进步，我们为什么不能创新？

而且，法国液化气公司还与客户联合成立跨组织的研发部门，面对客户的问题进行研发，帮助客户解决问题，增加自身的收入。

更重要的是液化空气公司将利用阿塞洛钢铁生产的副产品——气体，用于发电。公司使用自己所发的电来降低生产成本，同时也将其出售给客户和电力公司。这样，就能帮助客户降低能源成本，减少碳排放，自身还能获得额外的收入。

这一系列变革，源自于打破行业的传统的盈利方式，逃离商品化的陷阱，有效地整合资源创新了盈利方式，这一切都是基于顾客价值的创新，重塑了商业模式。

免费模式开拓市场

1996 年，广西桂林，北京佩尔优科技有限公司的前身——中能电气工程公司找到广西第二人民医院，希望能够承接医院的电气改造工程。然而前期需要较大资金投入，节能效果却难以预测，因此医院方面对这一工程态度不甚积极。

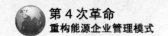

为了打破僵局，中能电气提出了一个在当时看来非常大胆的建议：项目的前期成本 60 万元由中能方面承担，然后每年收取医院节省下来电费的 70% 作为报酬，5 年之后合同到期，设备全部归医院所有。在这样的情况下，合作很快就达成了。

"当时我们觉得这个项目很可行，对节能效果也很有把握，所以就提出了这样一个方案。"中能电气工程公司创始人之一江源泉回忆说。事实证明，江源泉的判断完全正确，仅仅一年半之后，中能电气就将投资全部收回，5 年下来收益颇丰。

那时的江源泉没有想到，这样一次实践，让中能电气成为国内最早实践合同能源管理（EPC—Energy Performance Contracting）的企业。让他同样没有想到的是，15 年后的今天，合同能源管理这一节能模式正逐渐被越来越多的企业所关注。

开风气之先的江源泉没有让机会从手边溜走，借着合同能源管理模式进入中国的春风，依靠掌握的"大温差水蓄冷技术"，中能电气实现了由一家主要从事电力线路安装、改造的传统企业向合同能源管理公司的转型。

2002 年，佩尔优科技有限公司成立。2003 年，世界银行/全球环境基金中国节能促进项目二期正式启动，佩尔优成为第一批通过审查并被列为重点扶持对象的企业。

水蓄能是佩尔优最重要的业务之一，它将夜间电网多余的谷段电力与水的显热相结合来蓄冷，并在白天用电高峰时段，使用蓄藏的低温冷冻水提供空调用冷。这一技术的意义就在于做到移峰填谷，提高了整个电网系统的效率，同时由于白天夜晚采用分时电价，用能单位在用电量不变的情况下，可以节省大量的电费。

江源泉说："按照节能效益分享型合同能源管理模式，用能单位在进行节能改造的过程中不需要承担任何费用，设备改造维护等资金都由佩尔优承担，用能单位所需要做的就是在约定的合同年限中，将每年节省下来的电费按照双方商定的比例进行分成，合同年限到期之后，设备归用能单位所有。"

成熟的技术与合同能源管理模式的有效结合让佩尔优取得了长足的发展。2006 年，佩尔优在与多家国外公司的竞争中取得了上海浦东国际机场二期的节能项目，每年为其节省电费约 800 万元。凭借这一项目的成功获得了巨大示范效应，佩尔优之后又顺利拿下上海虹桥机场水蓄冷工程，每年节约运行费用 1400 余万元。时至今日，在国内的机场蓄能项目这一块，行业内已经很难有企业可以与佩尔优竞争。而合同能源管理给佩尔优带来的收益，也明显高于单纯的设备销售。

事实上，意识到合同能源管理价值的企业不仅仅只有佩尔优，一些节能行业的巨头也都早早地在这一领域展开了布局。2002 年，就在佩尔优成立的同一年，全球非电空调领域的领军企业远大集团开始在全国范围内开展能耗调查。

"2002 年远大集团进行能耗调查，积累了全国范围内 2 万多家企业的资料，这么做的一个重要原因就是为之后开展合同能源管理做准备。"远大集团副总裁、远大能源利用公司总经理张晓东表示。2004 年，远大集团正式开展合同能源管理业务，先后为湖南湘雅医院、内蒙古博物院等用能单位实施中央空调系统改造工程。

正是因为看到了合同能源管理的良好发展前景，2009 年，远大集团专门成立远大能源利用公司，将合同能源管理业务独立运作。对此，张晓东解释："之所以这么做，就是希望能够给远大的合同能源管理留出足够大的发展空间，使其成为集团的一块重要业务。合同能源管理是一个很有价值的商业模式，在帮助客户实现节能环保的同时，远大也能获取足够的利润。这种双赢的事情，我们有什么理由不去认真做呢？"

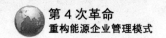

增长源自创新商业模式

北京神雾集团董事长吴道洪带着自己的七项专利，从 2 万元起步，开始创业。短短十多年间，他的财富发生了核裂变式的增长。这个故事看起来很传奇，但事实上其中的历程却并不轻松。就在吴博士创业七年之后，他遇到了一个瓶颈，闯过去了海阔天空，闯不过去，就很可能倒在黎明前的黑暗中。这个坎儿吴道洪怎么才能迈过去？就在这个节骨眼儿上，他得到了贵人相助。

2002 年的时候有一个机会，中国政府引进了世界银行，全球环境基金的一个新的项目叫合同能源管理，在中国叫 EMC，引进了这个项目以后，一期有三家示范公司，一个是辽宁，一个是北京，一个是山东。

给北京神雾公司发展带来转机的这家公司当时叫山东省节能工程公司，现在叫融世华租赁公司。山东融世华租赁有限公司董事长孙红找到神雾公司以后，希望进行这种合作，融世华购买神雾公司的设备为企业去做节能服务。神雾公司吴道洪说，对这个产品我们也是没有太多的把握，也是冒着一定的风险。

2002 年，北京神雾公司与山东省节能工程公司签订了合同。这次合作，让北京神雾公司精心研发的第二代节能技术终于派上了用武之地。在湖北大冶特钢和昆明钢铁公司这两个公司来实施节能服务，最后达到了节能 30% 以上的效果，让神雾集团获利 2200 多万元。

这一个订单的收入高出了神雾公司此前最高年份一年销售额的总量。2200 万元的收入极大缓解了神雾公司的资金压力。更为重要的是，山东融世华公司还为北京神雾公司带来了另外一个礼物，那就是一种叫做合同能源管理的新模式。

引入了合同能源管理模式后，北京神雾公司的发展出现了拐点，第二代节能技术迅速打开了市场，进入了更多高耗能企业的厂房。秦皇岛首秦金属材料公司就成了这项节能技术的受益者。秦皇岛首秦金属材料有限公司轧钢部副部长田士平说：它的节能效果，应该说是比常规加热炉要节能15%以上，比照着如果说天然气的话，两年两个加热炉，产量是180万吨的话，可以节能1.79亿元，这两台工业加热炉采用了神雾公司的第二代节能技术后，三年下来节能价值累计达接近3亿元，这等于新创造了近3亿元的财富。与此同时，节能装置还带来了另外一个效益，就是大大减少了二氧化碳的排放，帮公司完成了环保部门下达的节能减排任务。效果是非常明显的，一年大概能减排二氧化碳3.26万吨吧。

这家高耗能企业从节能技术中得到了实惠，而北京神雾公司也从市场推广中尝到了合同能源管理模式的甜头。

引入合同能源管理模式后，北京神雾公司的第二代节能技术迅速走出了实验室，公司收入立即摆脱了此前两三年的缓慢增长状态，重新开始飞速增长。2002年，神雾公司的销售收入为3200万元；2003年增长到5500万元；2004年增长到了1.8亿元；2009年增长到了14.6亿元。2010年年初，神雾公司拿到非洲的一个订单就价值人民币17亿元。

看到这里，我想很多人可能会产生这样一个疑问，在市场经济下从事一切商业活动都必须签订一份合同，这是合作双方最基本的一个书面契约。为什么偏偏吴道洪如此推崇合同能源管理模式？它究竟是个什么样的模式，对于节能服务企业的发展和财富增长又意味着什么呢？从吴道洪的故事里，我们了解了一种新的能源服务模式——合同能源管理。

就在4月6日，国家发改委等四部门出台文件，提出将采取资金补贴、税收、会计和金融四方面措施推动合同能源管理发展，到2012年，扶持培

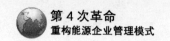
育一批专业化节能服务公司。有市场人士预计，合同能源管理将创造一个万
亿级的大市场。合同能源管理真的能撬动这么大一块蛋糕吗？

究竟什么是商业模式

对商业模式概念进行界定，首先是由外国学者进行的。美国学者琼·玛
格和南·斯通在畅销书《什么是管理》中，对商业模式作出这样的定义：商
业模式就是指一个企业如何通过创造价值，为自己的客户和维持企业正常运
转的所有参与者服务的一系列设想。从本质上来说，商业模式是一种经过市
场持续检验的理论。

那么，究竟什么是商业模式？学者们的观点各有侧重，然而所谓商业模
式其本质上应是指将企业经营过程中的各种资源整合起来而形成的一个完整
的、具有独特的核心竞争力的运行系统，并通过向客户提供产品和服务，实
现企业价值最大化，使企业实现持续赢利的目标。

管理学发端于企业理论，发端于整个组织系统如何运作的模式。主要的
决策和创新都是对这种模式的检验。利润之所以重要，不仅因为它给你带来
财富，关键是它能告诉你，你的商业模式是否真正有效。如果未能达到自己
所期望的结果，你应该重新检验自己的商业模式。科学的管理方法，就是从
假设开始，接着在实践中接受检验，如果有必要再重新修正。

近几年，关于商业模式的创新与设计，风靡一时，很多企业管理者都关
注商业模式的研究。的确，无论企业管理者是否意识到，其实在每个成功的
企业背后，都有一个目光敏锐的人可以感觉到的商业模式。但是，从商业史
上看，真正创造出来的伟大商业模式非常少，他们大多运用分析的眼光，归
纳出了一种抽象"模式"，难以实现持续有效的运作。

一个好商业模式所做的，就远非仅仅赋予企业家寻求资本的合理性。而且，好商业模式的内容，也不仅仅就是一个企业如何赚钱的问题。商业模式反映了围绕着管理的系统思想。

在过去以产品为中心的环境中，利润是强大市场份额的结果。公司关注的是一个目标：对那些愿意购买的人，卖得越多越好。目前，明确地表述和设计企业的盈利模式是一种关键的战略技能，只有你自己清楚地认识到公司究竟怎样赚钱，以及需要采取什么样的相应策略来实现这个目的，才可以着手大型的投资。

今天，我们在构建商业模式时，更应该关注我们的客户价值，并不是单纯地满足客户需求，而是依据自身的优势为客户创造价值的能力要素的有机组合。因此，我认为真正的商业模式，是以企业的品牌定位为导向，以客户为中心，为创新竞争优势，整合资源为顾客创造价值的运营系统。

著名管理学大师彼得·德鲁克曾经指出："未来企业之间的竞争，不是产品之间的竞争，也不是产品服务的竞争，而是商业模式之间的竞争"。现在企业之间的竞争已进入商业模式竞争的时代，很多行业陷入技术同质化竞争困境的时期，商业模式的创新开始超越产品创新和技术创新而成为人们关注的焦点。

目前，商业模式在学术上为多数人公认的定义是："为了实现客户价值最大化，把能使企业运行的内外各要素整合起来，形成高效率的具有独特核心竞争力的运行系统，并通过提供产品和服务，达成持续赢利目标的组织设计的整体解决方案。"

在商业模式的定义中，关键词是"客户价值最大化"、"整合"、"高效率"、"系统"、"持续赢利"、"核心竞争力"、"整体解决"，这七个关键词是构成成功的商业模式的七个要素，缺一不可。其中"整合"、"高效率"、

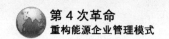
"系统"是基础,"核心竞争力"是手段,"客户价值最大化"是主观目的,"持续赢利"是客观结果,也是检验一个商业模式是否成功的唯一的外在标准。

GE 的"合同时间管理"模式

"合同时间管理"加上双引号表示我们暂且可以这样不规范的定义一下,其实,我只是想让读者朋友看到合同能源管理既不神秘,也不复杂,而且,它的发展绝不仅仅是甲乙两方的问题,包括政府、金融机构、第三方认证机构、设备供应商、IT 业,等等,只有架构了良好的生态系统,才能获得快速有益的发展。

从卖机器到卖运行时间。GE 发动机以往的赢利来自两块:一次销售的利润;5 年后大修的维修费用。这样的盈利模式后来遇到了很大的竞争压力。

首先是飞机制造商的压价压力。由于一次购买的金额过大,飞机制造商经常压价,GE 的利润空间经常被压榨。

其次,来自独立发动机维修商。这些维修商没有一次生产投入的资金压力,却可以依靠自己的维修经验攫取大修服务的巨额利润。

在两方面压力夹击之下,GE 重构了盈利模式。首先利用资本优势对独立维修商兼并收购。增强一体化服务能力之后,GE 推出了 PBTH(Power – by – the Hour)包修服务。PBTH 指航空公司不用再购买发动机、发动机配件以及维修服务,仅需购买该发动机的工作时间,在这段时间内,GE 公司会保证这台发动机的正常工作。

这样一来,客户免除了初次购买的大资金投入,而 GE 则获得了稳定充沛的现金流和高额的维修服务利润。与客户相比,GE 对自身发动机的了解更清楚。同样型号的发动机,通过 GE 运营,保养成本更低,运行时间更长,可持续产生的价值更大。多出来的这部分价值，通过盈利模式的设计，由GE 和客户共同分享。

客户对发动机单位时间的购买成本降低了，享受到的服务却提升了。GE 因而收获了更高的客户忠诚度和更多的订单，赢利空间也得以扩大。这是双赢的盈利模式。

杰克·韦尔奇指出，未来的商业世界里，强大的产品功能还远远不够，不足以解决客户的问题。即使提高市场份额和生产效率，也不能保持利润的持续增长。

创新开发出将产品服务和融资捆绑在一起的销售方式，为客户带来更多价值而不是仅仅提供优质廉价的产品。要想成功，就必须将通用电气的企业设计再提高一步，从卖产品拓展为向客户提供服务，而利润也正是在从产品移往产品销售以后的过程。

这种扩展意味着通用电气不只卖产品，它需要将产品放到客户的整体经济系统中考虑，从而把通用电气与客户之间的销售关系转变为真正的伙伴关系，而要做到这一点，通用电气需要为客户提供解决方案。

传统的企业管理是在产品的成本和价格上做文章，是产品经营的地带。价值寓于无形之中，是超越价格竞争，摆脱同质化竞争的地带。

彼得·德鲁克指出：我们面临的新的管理革命时，任何组织都必须做好准备，抛弃以前所做的每一件事。知识正变成唯一的有用资源。传统的产品因素没有消失，但它们已经成为次要的了。

电力公司的课堂练习

为了帮助电力行业的管理人员理解"以客户为中心"的管理理念，更好地指导企业管理实践创新，在教学过程的实战练习环节中，我经常会要求学

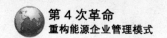
员进行创新实战作业，尽管将思想装在一个人的脑子里很困难，更何况还没有见过，其实电力行业在实际的服务作业中，有些人是怕承担责任的，不敢越雷池半步，加之惯性思维，造就了在管理中很难有实际的突破。

如何构建以客户为中心的管理体系，帮助客户创造价值。首先要明确客户是谁？他们的问题和需求在哪？我们能提供什么有效的解决方案？给客户带来的效益是什么？

2009 年时很多学员的练习大都如此

某家从事矿石冶炼锌氧粉的企业，该厂有自备发电机、一条 10 千伏供电专用线路。有一天我供电所接到该厂线路事故停电报告，同时本厂自备发电机已损坏不能发电，请求帮助迅速恢复供电。如果不能及时（2 小时内）恢复供电，将造成该企业冶炼旋转窑凝固损毁，经济损失达 200 余万元。

我供电所站在客户角度，急客户之所急，想客户之所想，即时向公司相关管理部门汇报同意，办理相关手续后，迅速组织人员查找故障，查到故障点是该厂专线#20 杆塔瓷瓶绝缘击穿，供电所抢修人员组织材料、工具到位，于次日凌晨 0：56 分抢修恢复供电。保证该厂正常生产。避免了该厂旋转窑损毁和 200 余万元损失，同时给供电所增加了供电量。

此次线路故障，暴露该厂地处污染严重地区，又没有专职线路维护检修人员，不能及时巡检消除设备隐患，造成线路供电可靠率低。

通过这次事故，该厂对供电所的服务表示满意。负责人委托我供电所代维护该线路，每年付给 1 万元检修维护劳务费，同时主动向供电所预交了 10 万元电费。

2010 年的课堂练习就发生了一些转变

这是一个我比较满意的作业，因为他们真正地将管理理念，贯彻于实践操作中，而且逻辑清晰，有理有据。作业的题目是：主动出击，为水泥厂客户提高产量降低生产成本。

　　会泽某水泥厂是会泽供电公司的 10 千伏直供客户，该厂在 2008 年以前，年产水泥 20 万吨左右，年用电量约 250 万千瓦时，电费 160 多万元，该厂生产的水泥在 2008 年主要面向会泽境内销售。由于供电可靠性不高，电压质量不稳定，所以生产的水泥质量不高，水泥的凝固时间过长，凝固后经常会出现泥块脱落现象，水泥在会泽占市场份额很少，水泥厂的经济效益低下，员工的工资收入 700 元/月左右，勉强能够生活。

　　会泽供电公司电力营销部在了解情况后主动出击，为了增加该厂用电量，使公司和客户实现共赢的局面，通过研究分析得到以下结论：该水泥厂生产效益不高，主要原因是供电质量不稳定及供电可靠性低、生产设备落后和老化。

　　供电公司随后建议该厂更新生产设备，进行技术改造。承诺改造后供电可靠率可达 99.997%，电压质量可达 99.5%，功率因素可达 0.95 以上。若按照年生产水泥 20 万吨计算，用电量为 250 万千瓦时，电费 163 万元（含率调电费），改造后电费为 120 万元（率调电费 43 万元）。

　　该厂接受了改造方案，在方案实施中，会泽供电公司组织精兵强将，用一个月时间结束改造：首先把供电电压提升到 35 千伏直供双电源供电，这样能保证用户的供电可靠性，在用户侧加装动态无功自动补偿装置，该装置能把功率因素保持在 0.95 以上，防止过补偿和欠补偿，并加装多功能电能表进行计量，实行分时电价（负荷低谷时段比负荷高峰时段电价低），鼓励该厂在低负荷时段是加紧生产，降低生产成本。

　　经过供电设备技术改造和生产设备改造后，该厂生产的水泥质量在同行业中大大提高，生产成本降低。截至 2010 年，该厂年生产水泥 200 万吨，

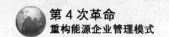
用电量2500万千瓦时,电费1630万元,节约电费120万元,节约的电费是改造前所交电费160万元的75%,生产的水泥占据会泽大半个市场,并对附近县销售,职工工资上升为1300元/月。公司供电量增加了,水泥厂的经济效益提高了,水泥用户也对水泥质量满意了。

尽管,当时这个作业只从营销创新思考,没有谈及盈利模式。假设,更新设备与技术改造的费用,由会泽供电公司承担,采取效益分成的模式,不就是"合同能源管理"的模式吗?

合同能源管理为什么

我们先不要陷入到概念的定义中,我始终认为概念就是一个定义,有助于表明我们干什么!但是,更重要的是要探究我们为什么这样做。

合同能源管理仅仅关注于能源成本的降低,因为客户关心的不仅仅是降低能源成本,而是提升生产过程的效率,提升竞争力,这样更有助于我们系统地思考,不会被合同能源管理的定义,定住了我们的思维。

合同能源管理模式在中国

合同能源管理(EMC)理念于1970年在美国和加拿大诞生。1997年,由国家经济贸易委员会、世界银行以及全球环境基金(GEF)三方携手的大型国际合作项目"世行/GEF中国节能促进项目",首次将该模式引入中国。项目旨在改善能源利用效率、减少温室气体排放、保护全球环境和革新中国节能市场。在中国,人们更多统称这一模式为"Energy Management Contracting",即EMC。

国务院办公厅2010年4月2日转发了发改委、财政部、人民银行、税务总局四部委《关于加快推行合同能源管理促进节能服务产业发展的意见》（以下简称《意见》）。《意见》提出，将采取资金补贴、税收、会计和金融四方面措施推动合同能源管理发展。《意见》同时明确到2012年，扶持培育一批专业化节能服务公司，发展壮大一批综合性大型节能服务公司。到2015年，建立比较完善的节能服务体系，使合同能源管理成为用能单位实施节能改造的主要方式之一。

合同能源管理能有效地刺激企业节能减排的动力，根据中国节能协会节能服务产业委员会（EMCA）对于节能服务产业的估算，节能市场总规模大约4000亿元，未来发展空间非常巨大。

2011年9月，国务院出台了《"十二五"节能减排综合性工作方案》，明确了我国未来五年节能减排工作的目的及推进方式等，其中第43条明确指出："加快推行合同能源管理，落实财政、税收和金融等扶持政策，引导专业化节能服务公司采用合同能源管理方式为用能单位实施节能改造，扶持壮大节能服务产业。"

什么是合同能源管理

概括地说，合同能源管理模式是节能服务公司通过与客户签订节能服务合同，为客户提供包括：能源审计、项目设计、项目融资、设备采购、工程施工、设备安装调试、人员培训、节能量确认和保证等一整套的节能服务，并从客户进行节能改造后获得的节能效益中收回投资和取得利润的一种商业运作模式。

在中国，三类典型的合同能源管理项目分别是：节能收益共享、节能量担保、节能管理外包。

按照合同能源管理模式运作节能项目，在节能改造项目完成之后，耗能企业原先单纯用于支付能源费用的资金，可同时支付新的能源费用、EMCO 的费用，还能取得部分受益（即节省下来的部分费用），在合同期后，客户享有整个项目所带来的全部的节能效益，会产生正的现金流，同时实现能耗降低。

节能收益共享：依照节能收益共享模式，能源管理公司负责项目融资。在合同期内，能源用户与能源管理公司以规定比例共享节能收益。譬如，能源管理公司获得 80% 的收益，用户获得 20% 的收益。当合同期满后，能源用户保有全部设备，从而在日后获得持续的节能收益。

节能量担保：照此模式，能源管理公司与用户都可以负责项目融资。能源管理公司向用户担保最低节能量。在合同期内，超过最低担保节能量的全部节能收益将作为能源管理公司的收入。

能源管理外包：在此模式中，能源用户将其能源管理进行外包。通过技术升级和更有效率的能源管理，能源管理公司可以从节能量中赢利。

通常，一个全面的合同能源管理工程涵盖上述三种模式。能源用户与能源管理公司基于其具体的情况与需求来选择适合的合作模式。

EMC 模式带给能耗企业的效益

1. 能耗企业不用资金投入，即可完成节能技术改造；

2. 节能工程施工完毕，就可分享项目的部分节能效益；

3. 在合同期内，能耗企业的客户支付全部来自项目效益，现金流始终为正值；

4. 合同结束后，节能设备和全部节能效益归能耗企业；

5. EMC 为能耗企业承担技术风险和经济风险。

EMC 模式业务特点

EMC 是市场经济下的节能服务商业化实体，在市场竞争中谋求生存和发展，与我国从属于地方政府的节能服务中心有根本性的区别。以下是 EMC 所开展的 EPC 业务的特点。

1. 商业性：EMC 是商业化运作的公司，以合同能源管理机制实施节能项目来实现赢利的目的。

2. 整合性：EMC 业务不是一般意义上的推销产品、设备或技术，而是通过合同能源管理机制为客户提供集成化的节能服务和完整的节能解决方案，为客户实施"交钥匙工程"；EMC 不是金融机构，但可以为客户的节能项目提供资金；EMC 不一定是节能技术所有者或节能设备制造商，但可以为客户选择提供先进、成熟的节能技术和设备；EMC 也不一定自身拥有实施节能项目的工程能力，但可以向客户保证项目的工程质量。对于客户来说，EMC 的最大价值在于：可以为客户实施节能项目提供经过优选的各种资源集成的工程设施及其良好的运行服务，以实现与客户约定的节能量或节能效益。

3. 多赢性：EMC 业务的一大特点是：一个该类项目的成功实施将使介入项目的各方包括：EMC、客户、节能设备制造商和银行等都能从中分享到相应的收益，从而形成多赢的局面。对于分享型的合同能源管理业务，EMC 可在项目合同期内分享大部分节能效益，以此来收回其投资并获得合理的利润；客户在项目合同期内分享部分节能效益，在合同期结束后获得该项目的全部节能效益及 EMC 投资的节能设备的所有权，此外，还获得节能技术和设备建设和运行的宝贵经验；节能设备制造商销售了其产品，收回了货款；银行可连本带息地收回对该项目的贷款，等等。正是由于多赢性，使得 EMC

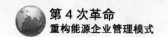
具有持续发展的潜力。

4. 风险性：EMC 通常对客户的节能项目进行投资，并向客户承诺节能项目的节能效益，因此，EMC 承担了节能项目的大多数风险。可以说，EMC 业务是一项高风险业务。EMC 业务的成败关键在于对节能项目的各种风险的分析和管理。

作为一种总承包（交钥匙）服务，合同能源管理（EMC）可以为用户的能效需求、可再生能源需求以及分布式发电提供整套服务。工程实施前一般先确立担保机构，担保由项目产生的节能收益足以支付项目的全部成本。由此，保障能耗企业得以用未来的节能收益来支付节能工程的投资。

一项合同能源管理工程涉及以下几个关键角色：能源服务公司（ESCO）、产品与方案供应商、融资机构以及能源用户。在中国，能源服务公司被称为能源管理公司（EMCO），是整个项目的核心，需要提供项目所需的全方位服务。这些服务包括能源审计，工程设计，施工管理，长期项目融资安排，调试、运行维护以及节能量监测与核验。并非所有合同能源管理工程都涵盖这些服务，用户可以根据特定项目的需求，来选择确切的服务组合。

能源服务公司是一种基于合同能源管理机制运作的、以赢利为直接目的的专业化公司。节能服务公司与愿意进行节能改造的用户签订节能服务合同，为用户的节能项目进行自由竞争或融资，向用户提供能源效率审计、节能项目设计、原材料和设备采购、施工、监测、培训、运行管理等一条龙服务，并通过与用户分享项目实施后产生的节能效益来赢利和滚动发展。能源管理合同在实施节能项目的企业（用户）与专门的节能服务公司（ESCO）之间签订，它有助于推动节能项目的实施。

无论如何定义，其实合同能源管理是一种双赢或多赢的模式，关注的不是产品本身，而是为客户创造的价值，而利润也正移至企业产品销售以后的服务过程。

合同能源管理的先行者

六月骄阳的照耀下，弧形的玻璃幕墙映衬着北京的蓝天、白云、高楼、人群、汽车、马路，还有一个清晰的你，景象蔚为壮观。在幕墙优美的弧线之下，隐藏着一个个外部光源感应器，它们能通过楼顶的气候中心感知太阳辐射强度，随时控制遮阳窗帘的升降。在这座大楼里是找不到电源开关的。灯光照明是通过人体散发的热度遥控红外传感自动开启的。

西门子大厦是节能环保和资源节约型的现代建筑之典范，在全球的房地资产项目中，西门子大厦已成为西门子减少能耗和水耗这一宏伟目标的示范工程。据称，它的全套节能措施实现了二氧化碳年排放量减少 1200 ~ 1600 吨的目标。

据摩根士丹利预测，中国潜在的节能市场规模达 8000 亿元。然而 10 多年来，各地如雨后春笋般冒出的节能公司并没有获得预期的高速成长，反而大多步履蹒跚，处境被动。作为在华历史悠久的西门子公司长期以来在节能业务领域的尝试和开拓，无疑为中国节能行业的健康快速发展树立了良好的典范。

2008 年，西门子与环保相关业务组合的收入为 190 亿欧元，约占西门子全年营业总收入的 1/4。在 2008 财年中，西门子在中国的销售收入达到 570 亿元人民币，新订单总额达到 655 亿元人民币。

据介绍，目前西门子所做的商业模式主要有三种。

第一种，直接买卖的模式。客户发现西门子这个解决方案能够节能，直

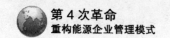

接向西门子购买设备和服务。同时西门子提供了一些附加的服务，产品的直接买卖可以跟用户一起调研、一起采用客户的数据共同计算节能量，使客户心中有数，购买这个方案究竟能节多少能。

第二种，节能服务公司合作伙伴模式。这里有一家第三方叫"节能服务公司"，它购买西门子的设备和服务，将节能设备和服务租给客户，从客户那儿分享节能的收益。

第三种，西门子自身作为节能服务公司和资金方合作，资金方可以是外面的第三方的融资租赁公司，也可以是西门子自己的财务租赁公司。资金方购买西门子的节能设备和服务，西门子向它提供设备和服务的同时保证节能量。资金方再将产品租给最终用户，从用户那儿分享节能的收益。到了一定年限以后，设备的产权无偿转让给用户。这里由于资金方拥有资金不拥有技术，所以西门子向它提供产品和服务的同时，保证节能量。跟这个模式的区别，第三方是节能服务公司，拥有技术背景，愿意承担这种节能量的风险，所以西门子向它提供设备的同时并不保证节能量，它购买之后再向用户保证节能量，再分享节能的收益。

这是目前西门子三种商业模式。其中后两种模式涉及合同能源管理的概念。

西门子从发电和输配电，到用电有一系列的解决方案。这样就可以为用户组成一个完整的一体化解决方案，用户不需要东抓一把、西抓一把弄很多方案然后再集成，这样很费时也很费钱，西门子可以提供一体化的解决方案。

西门子除了产品和解决方案以及这方面多年的运作经验外，还有自己的融资租赁公司，这是它的一大特色，它既有技术，又有财务租赁的模式，针对客户不同的需求都能够满足，你可以只要技术，也可以带融资的模式，有多种解决方案供客户选择。

霍尼韦尔全生命周期合同能源管理模式

2011 年 11 月 13 日，中国首例新建建筑全生命周期合同能源管理创新模式在沪启动，来自新建建筑项目方的上海鸿泰房地产有限公司与上海市经济和信息化委员会、虹口区人民政府以及霍尼韦尔，就新建建筑"浦江国际金融广场"项目，在上海市能效中心签订合同能源管理创新模式战略合作协议。

霍尼韦尔国际是一家财富 100 强之一的多元化、高科技的先进制造企业，在全球，其业务涉及航空产品和服务，楼宇、家庭和工业控制技术、汽车产品、涡轮增压器以及特殊材料。霍尼韦尔作为世界知名的绿色建筑节能专家，经过长时间细致紧密的研究与沟通，为浦江国际金融广场实现绿色节能目标提供了全生命周期合同能源管理方案，并为之设计出一个全新的项目实施操作理念。

绿色节能的思考和体现贯穿于本项目的设计、施工和商业营运的整个生命周期之中。而这种综合性方案及精益的概念性建筑将为浦江的投资者、经营者们在保证环境安全的同时带来不可估量的多重收益。同时，智能能源管理信息系统、通畅简捷的信息系统以及霍尼韦尔建筑智能系统部独具的多功能动态优化软件集成也被充分运用，以真正实现智能化节能的目标。

霍尼韦尔全生命周期合同能源管理模式助力浦江国际金融广场在新建建筑实现全生命周期合同能源管理创新模式的整体实践，是体现上海"绿色建筑，智慧城市"，满足未来城市可持续发展的能效解决方案，是国内新建建筑合同能源管理的示范和能效最高的标杆，必将成为上海率先转变经济发展方式，优化产业结构的创举，为上海的创新驱动、转型发展做出新探索。

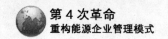

施耐德电气的融资租赁模式

9 月 17 日，一场对于山西煤炭行业来说意义非凡的签约仪式在太原举行。签约的三方分别是施耐德电气（中国）投资有限公司、山西焦煤集团以及南方国际租赁有限公司。他们此次合作开展的"山西焦煤霍州煤电集团有限责任公司李雅庄洗煤厂、矸石电厂企业能源管理系统及一体化节能项目"（以下简称"山西焦煤项目"）是山西省首例通过融资租赁融资方式，运用"合同能源管理"模式为大型耗能企业进行节能改造的项目。中国节能协会节能服务产业委员会主任沈龙海评价道："该项目的签约为 EMC 模式在我国节能领域的应用又探索出了一条新思路。"

霍州煤电集团机电部部长李长春在签约仪式上介绍了这种新方式实施的流程："由法国施耐德电气提供节能技术服务，南方租赁公司提供改造资金，对山西焦煤集团下属企业进行节能改造。项目业主单位以改造所产生的节能效益偿还节能项目投资，并获取相应的分成收益，租赁公司收取项目改造投资本金及收益后，节能设备将无偿转让给业主单位。"

据悉，本次节能改造项目投入的设备使用寿命平均为 20 年，项目投资回收期约为 40 个月，根据初步测算，未来运行中，直接和间接节能产生经济效益累计超过 4000 万元。这样的节能效果将使山西焦煤集团——这家国内第四大煤业集团受益匪浅。

施耐德电气（中国）投资有限公司节能业务部总经理陈阳表示："作为"全球能效管理专家的施耐德电气，本着提高节能体系能力建设、加强能效管理，建立科学的能效计量、统计、监督平台的目的，施耐德电气还提供了能源监控管理系统。该系统既可以对已经实施的单项节能改造措施进行量化评估，也可以为企业总体节能考核提供量化依据，为企业实现能源精细化管理提供了相应的技术手段，真正实现企业节能工作的可统计、可核查、可监控的科学管理。"

通过实施该项目，山西焦煤集团在获得了巨大的节能收益之外，其节能体系能力建设、能效管理、能效计量监控都将达到科学先进的水平，并可实现企业能源精细化管理，为其节约生产成本、提高生产效率奠定了基础。

通过创新的能源管理模式，实施一体化节能增效，施耐德电气可为煤炭企业减少高达30%的能源消耗。如今，施耐德电气已帮助必和必拓、力拓、神华等多家国内外矿业集团成功实现节能增效。

在未来的商业世界的竞争中，金融服务至关重要，这一方面要求企业不断地强化金融服务的能力，另一方面，对金融企业业务的创新也提出了新的要求。值得庆幸的是，随着整个市场对于合同能源管理认识的加深，部分金融机构也开始意识到这一商业模式的价值，并推出了相应的服务。

2010年，浦东发展银行推出《合同能源管理未来收益权质押融资业务方案》，其以"远景收益"作为质押，向企业提供专项贷款。通过这一解决方案，部分节能服务公司可以提前获得原本数年之后才能拿到的项目收益，进而投入新项目中，这加快了企业发展的步伐。

除此之外，节能服务公司将来甚至还可以拿远景收益进行交易。如果此举可以实现，那么对于那些节能服务企业而言，无疑又是一大福音。

江森自控的模式

江森自控的价值和愿景，将一如既往地贯穿整个公司与合作伙伴之间，并与社会大众共同增加自我认知。江森自控推出新的徽标，象征着开放的地球，代表着能量和活力，意喻人类之间的互动，及江森自控与客户之间的思想交流、对话和参与。陈润生认为"新的品牌形象令我们定位更加清晰，展

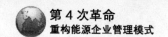

现敏锐且有助预见市场需求的洞察力，再加上经过长年不懈的努力和可预见市场趋势，都印证了我们不断推广以环保节能为核心目标的综合解决方案，是正确的。"

在生活、工作和出行场所运用科技智慧实现美好生活，成为江森自控独具特色的创新承诺。对于江森自控而言，智能化固然重要，但如果智能化不能给人们带来真正的益处，也毫无价值，从这个意义上说，创造力"意味着推陈出新、深思熟虑、解决问题和富有经验"。

在中国，许多年来江森自控秉持这个理念，并将其投入到中国的每一个项目中，例如建成后将是全球最高大厦的上海环球金融中心，中国首家获得 LEED 绿色建筑金色认证的北京世纪财富中心，以及万众瞩目的 2008 年北京奥运会场馆及配套项目等。

江森自控致力于为中国市场引进全球领先的能源管理经验，中国区能源部在能源管理方面，为中国市场的客户和用户提供四个模式：

能源与环境设计先锋奖（LEED）：美国能源建筑委员会 USGBC 制定的绿色建筑认证，江森自控作为该委员会主要成员之一，在 LEED 认证咨询方面，能源部可帮助您协调：LEED 设计分析；运行调试计划；满足 LEED 要求的系统包括暖通空调系统、楼宇自控系统等；有助 LEED 认证的能源核查与管理。通过 LEED 认证，可帮助您：减少 20%～30% 能耗；减少 35%～40% 用水；减少 50%～60% 温室气体排放；同时配合能耗模拟计算，使整个建筑采用最优化的节能设计方案以及合适的系统。

全过程系统调试运行：作为 LEED 强制性要求的全过程系统调试运行，在确保建筑的能效和室内空气质量方面发挥着重要的作用。江森自控能源部可作为第三方参与到项目全过程系统调试运行中，通过协助业主，设计团队，施工承包商，和今后的运行维护人员，明确了业主要求，澄清并完善设计目标，从系统的整体角度出发，完成调试任务，并对运行维护人员进行充分的培训，使建筑物内的各系统协调高效地运转，使业主的节能需求最终体现在项目的整个生命周期内。

江森自控能源部在对项目进行能源审计基础上，提出节能改造方案，然后与客户签订合同，为客户提供节能项目的设计，项目融资，设备的选购、安装、维护、运行和管理等一系列的服务，最终向客户保证节能效果。江森自控在能源合同管理方面具有超过 1500 个能源合同管理项目；超过 15 亿美元的履约保证金，其中 99% 的能源项目采用了 PC；PC 合同总额每年超过 5 亿美元；目前正在为客户采购的能源设备超过 2 亿美元。

资金支持计划：亚洲开发银行与江森自控签订协议，为中国的能源改造项目提供部分担保贷款业务，将投入 8 亿元人民币，在"能源效率多项目融资计划"下，帮助中国希望提高能源效率的能源最终用户获得资金支持。这些用户希望改造现有的楼宇设施，而通过这种方法一般可以实现 20%~40% 的节能。

电网公司也在做

云南国资水泥红河有限公司目前拥有两条日产 2000 吨新型干法水泥熟料生产线，年水泥生产能力 200 多万吨，是一家跨地区生产经营、拥有雄厚技术力量的大型水泥企业。水泥生产企业是国民经济生产中的能源消耗大户，水泥行业已被列为国家节约资源的重点领域之一。

而在水泥的生产中，电动机负载电耗占生产成本近 30%，其中拖动风机用的高压电动机在电机负载中占有很大的比重。对于一条水泥生产线其中有 35%~40% 的电能是用于拖动各种类型风机上，因此做好风机电动机的降耗增效工作就显得极为重要。

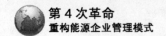

现在很多水泥厂的风机大马拉小车现象严重,同时由于工况、产量的变化,系统所需求的风量也随之变化,大部分风机采用调节进、出口阀门开度的传统做法来实现,但是这种方法存在人为增加风阻、风机效率低、损耗严重等缺点。

2011 年 3 月,云南电网公司节约用电服务中心采用能源合同管理的方式,对云南国资水泥红河有限公司 6 号窑高温风机、窑头排风机、煤磨循环风机的电机控制进行加装高压变频器的改造,预计可节约用电 15% 以上。2011 年 3 月 28 日所有安装调试工作结束,4 月 10 日竣工投运。

据介绍,高压变频器节电技术是国际上较为成熟先进的节电技术,是风机、泵类节能降耗的最佳、首选的电气传动方案。利用变频调速技术通过改变电机的运行速度,以调节风量的大小,既可以满足生产要求,又达到节约电能,同时减少因调节阀门而造成的挡板磨损和管道磨损,以及经常停机检修所造成的额外经济损失。

在 6 号窑的三台风机改造前,红河供电局电力营销部与国资水泥红河公司对 3 台设备的计量电表进行了共同确认,并选取 6 号窑生产过程连续的 3 天(2011 年 3 月 14 日至 17 日)设备运行电量及熟料产量数据测算出改造前的单耗。项目投运后又选取 6 号窑生产过程连续的 4 天(2011 年 4 月 11 日至 15 日)设备运行电量及熟料产量数据测算出改造后的单耗。经过改造前后数据对比,改造后的 6 号窑高温风机单耗减少 2.94 千瓦时/吨,节电率 25.14%;窑头排风机单耗减少 1.25 千瓦时/吨,节电率 36.71%;煤磨循环风机单耗减少 0.84 千瓦时/吨,节电率 26.6%,项目改造后综合节电率达到 29.49%。按 6 号窑设计日产 2000 吨的生产能力来计算,每天可节约用电近万千瓦时。

此次对 6 号窑三台风机的节能改造,企业总投资 138.4 万元,从目前的节电效果来看，企业 16 个月就可收回投资，与项目可行性研究报告中估计的基本的吻合，而综合节电率则远远高于可研报告中 20.86%，达到了 29.49%。可以说，对 6 号窑三台风机的节电改造项目是非常成功的。

云南电网公司节约用电服务中心副主任黄炜谈到，一直以来云南电网公司节约用电服务中心都在积极探索合同能源管理模式，加快推进合同能源管理节电改造项目实施步伐，已改造完成的益宁水泥、楚雄矿冶、剑川水泥等项目平均节电率达到 30%，受到客户好评。

其他客户见到节电改造项目显现实效，也主动上门要求合作，其中与滇法港合资的云南最大的水泥集团签订了一揽子合同能源管理节电改造协议。

江门供电局"合同能源管理"模式

江门供电局"合同能源管理"模式是一种节能效益分享型节能改造，企业节能改造承担风险较小。

新会曾有一家纸箱厂，因安装变压器常处于轻载状态，月损耗电费巨大，企业有意愿节能改造但又顾虑改造资金问题。

江门供电局其后引导客户选择一家节能服务公司，签订 55000 元节能改造工程合同，改造成功后企业才开始付费，分为 10 个月还款，每月 5500 元。改造完成后 10 个月内，企业分享 49% 节电效益，节能服务公司分享 51%，10 个月后企业享有全部效益。该项目改造效果好于预期，企业每月节电 10877 元，很快就收回了改造投资。

江门供电局此类合同能源管理因能为企业降低风险而受到市场欢迎，而且在目前缺少权威节能认证机构情况下避免了合同各方争议纠纷。

近年来，江门供电局已先后促成了 18 个合同能源管理项目的实施，建立了 3 个合同能源管理项目示范点。江门供电局还建立"1＋7"客户节能指导中心，开展客户用电环节的能效审计，深入企业提供技术指导和咨询服务，为功率因素偏低、变压器配置不合理的客户提供节能建议，为客户量身定制节电方案，引导企业科学用电，在生产工艺、流程、用电方式上挖掘节电潜力，帮助降低企业电耗成本。通过大力开展电力绿色能源宣传，推广以电代煤、油、气、柴工程，有效优化了客户的能源使用结构。

某五金电镀公司功率因数最低时仅为0.72，功率因数调整电费最多一个月达6万多元。江门供电局向该公司提出增设无功电容补偿设备的建议，该公司经改造增设无功补偿装置，功率因数达到了0.96以上，每月少支出电费约3.32万元，只需4个月即可收回技改投资。江门供电局还会同香港中华电力公司为用电大客户雅图仕公司开展节能诊断服务，促成该公司将员工食堂原来的燃油炉改为电磁炉，每月节省开支数十万元。

火电厂的起死回生

有一天，我为粤电集团的高级管理人员进行管理创新培训，培训班的班长，给我讲了一个电力行业创新商业模式的案例，下午课程开始的时候，我让这位班长将这个故事讲给各位学员听：

在广东有一个民营火电厂，由于其发电机组只有不到五万千瓦的发电能力，将要面临着被关停的命运。面对政策环境的变化，该公司的领导能审时度势，积极面对挑战，开始探究突围的路径。

他很快地发现了当时造纸业在中国的崛起，伴随着社会的环保意识的不断强化，国家对于高耗能、重污染的企业的限制越来越多，该类企业也面临着很多问题，如能源消耗、环境污染较为严重，而且伴随着劳动力及生产成本的加大。哪里有问题，哪里就有市场；哪里有问题，哪里就有创新。

该企业针对这一问题，就产生了一个构想：能否建立一个造纸工业园，将它们集中起来，帮助造纸企业解决生死攸关的问题。通过专家的论证，这个企业就在当地建立了一个造纸工业园，其为顾客的创造的价值逻辑就是：只要你是造纸企业，将你的设备搬进来，为你降低成本20%。

多有诱惑力啊！很快得到了众多造纸企业的响应，纷纷迁至该工业园，说到做到，通过系统的构建为造纸企业创造价值，统一的环保处理，不仅降低了各个企业的环保成本，同时，又将生产过程中排放的气体与废水进行综合循环利用，气体发电，还利用过去的火电厂为园区内的客户实现电力的低成本供应，使整个系统节能又环保。

据说，这个工业园区后来被评为广东省的示范工程，这个非同一般的起死回生的案例故事，给我们展示了一个企业适时进化商业模式的经典范本，更是思路决定出路，智慧创造财富的真实写照。无论如何方法总比问题多，没有观察角度的变化，就没有思维的变化，角度决定态度。

2011年对于火电厂来说，是极其痛苦的一年，火电企业纷纷陷入亏损的旋涡而无法自拔，面临这种窘境，更多的企业选择了降低成本的精益管理之路。但是，我们想短期降低成本是有压力的，也难以扭转亏损的局面，更何况降低成本也是有限的。为什么不换一个角度思考问题呢？创造新价值比简单地降低成本更加有效。

戈恩在日产复兴的过程中曾经指出：公司要复兴，应该加速与刹车并行，像一级方程式赛车手所做的那样。日产恢复的过程就是一边削减成本一边积极扩张。

而更多的电厂则只踩刹车，不去探究在获取新利润的方式上的创新。为什么不能像法国液化气公司一样，将自身的能源优化技术，应用于更广泛的领域，从而进入新的利润区？

第五章　在虚拟中务实

　　商业模式的创新，并不仅仅指赢利方式的创新，还需要有更广阔的视野及系统的思考。这样我们还要进一步探究知识经济时代战略转型的逻辑——从价值链到价值网。通过开放立体的思维，知识的共享，信息的链接，打破旧秩序，才能重构新模式。因此，当今的企业领袖必须建构互联网思维模式，学会在虚拟的世界里做出正确的决策。

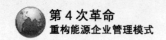

"无论乔布斯在鼓捣什么，世人都会关注。"《世代》周刊曾如此评价。那么，是什么造就了 iPod 的成功呢？是堪称伟大的商业模式。

苹果最大的亮点是开创了"iPod + iTunes"的"产品与内容完美结合"的商业模式，这将革新我们欣赏和购买音乐的方式，这是 iPod 成功的首要原因。

在 iPod 诞生之前，MP3 和网络音乐下载技术的出现曾使音乐盗版盛行，当时市场普遍弥漫在 MP3"使用音乐不必付钱"的氛围中，全球五大唱片公司一度陷入无计可施的地步。

苹果公司总裁乔布斯敏锐地从中发现了市场机遇，他通过各种努力最终与各大唱片公司达成协议，以单曲下载 99 美分的战略定价创办了 iTunes 这一网络音乐销售平台，这就为消费者提供了超过 100 万首的合法音乐下载服务。

iTunes 在线音乐商店的推出大获成功，使 iPod 一举跃升全球数字音乐播放器市场龙头。截至 2006 年 2 月，累计销售歌曲已超过 10 亿首，它在合法音乐下载市场占据了 2/3 的市场份额。

从技术上来看，MP3 不是苹果发明的，网络音乐下载技术也并非苹果首创。然而苹果创新性地实现了产品与内容的完美结合，从而为消费者创造了一种前所未有的时尚体验。

苹果 30 年的起伏告诉我们一个深刻的商业哲理：基于独特的商业模式的价值创新是企业发展的核心力量。

苹果公司的案例并非个别现象，而是具有普遍意义的。从企业经营的历史经验来看，商务模式创新也的确为企业和社会创造了不可估量的价值。

确切地说，现在企业和用户之间信息不对称的主动权改变了：在过去传统经济下，不对称的主动权在企业手里，我生产什么，用户被动接受什么。但是现在主动权到了用户手里，用户选择权非常大，他们可以在互联网上看到所有产品，所有价格，然后从中选择。

这个时代不是以企业为中心，而是以用户为中心，这是一个非常大的改变。如果企业不能因时改变，还抱着低成本、大规模制造的观念，肯定不行。

过去你能为买一样东西，到 10 家商店比较后再买吗？可以，在大城市可能要花上数天的时间，今天，在互联网的虚拟世界中，你只要数分钟，就能一网打尽，迅速搞定。

像《Facebook 效应》这本书里说的，现在它在网上有 4500 万个小组，所以一定会超过谷歌，因为谷歌是满足需求，而它是创造需求。这就是一个非常好的理念，如果你能够提供和用户分享信息的更好的方式，就可以改变人们的生活，也就是通过和用户分享信息改变其需求。

真正生活在互联网时代，企业和用户之间不是信息不对称，而是变成了信息对称。如果企业和用户不能使信息对称，而是停留在厂商主导的不对称局面上，失败的一定是我们企业。

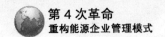
煤炭可以这样卖

截至 2011 年 10 月 23 日，泰德煤网煤炭年累计销售量首次突破 1000 万吨，创历史新高。这一数字不仅是泰德煤网煤炭供应链管理创新发展的证明，也将成为中国物流行业寻求突破的标杆。

原来的煤炭流通商，基本上都是延续了"煤贩子"的方式，只不过是规模达到了公司的程度而已。但这些煤炭供应商都有一个问题，就是他们的业务基本上是单对单，这样最大的问题就是产品没有可加工性，也没有办法满足客户的多种需求。以电厂为例，它所需要的煤炭，有几个主要指标，比如燃烧值、硫分、黏度等，煤炭这些指标高低决定于煤层的好坏，这样单对单的模式，就导致电厂只能好坏煤炭一样吃，没有进行选择或者加工的条件。

经过探索，泰德煤网最终将自己定位于"煤炭供应链管理专家"，上游连接着不同类型的大量煤矿，下游连接着大批的煤炭消费客户。对于电厂、钢厂、水泥厂等下游消费客户来说，能够及时足量地买到需要的煤炭，是其选择煤炭流通商的最基本标准，"因为对于这些公司客户来说，他们的需要是必须马上解决的，绝对不可以耽搁时间和数量，否则就是大问题"。吴军民表示。

泰德根据客户对煤炭热值等的基本需求，开发出了标准煤，进行多种煤层煤质的混配，实现煤炭的最优化、最经济燃烧。这样不仅降低了煤炭的成本，减轻煤炭燃烧对环境的污染，也能够实现煤炭加工和采购的标准化，如今泰德煤网已经拥有了泰德 1 ~ 7 号七种标准煤品种。

由于泰德煤网积累了丰富的行业经验，同时，它又有机会与大量的电厂、钢厂等下游煤炭消费客户进行交流获取信息，多年来积累了大量的数据资料，在这个经验值上，结合科研院所的合作，泰德煤网能够为客户提供最佳燃烧值，优化燃烧方案，既帮助客户节约了成本，同时又促进了煤炭的营销，提升了自己模式的价值。

除了为客户提供与煤炭直接相关的服务外，泰德煤网从供应链的整体角度扩展自己的服务业务，与交通银行、建设银行、深圳发展银行、广东发展银行、东亚银行等十余家金融机构建立了长期战略合作伙伴关系。"特别是这几年，国内很多电厂、钢厂、水泥厂等扎堆建设，而这些厂子基本上都是通过贷款等融资的方式建立的，资金压力大，所以它们的资金支付能力都不是很强，"吴军民表示，"如果能够在提供煤炭的同时，给这些客户提供一定期限的信贷服务，比如提供三个月的资金垫付服务，这样它们即便是多支付一些利息也很乐意。"

在整个供应链条上，信息流起到关键的作用，因为所有的需求与服务都只有及时准确地获取，才能够为客户做出针对性的服务。为此，泰德着力建设自己的泰德煤网网站，完善自己的电子商务的同时，还开发了软件锚，安装了软件锚的上下游客户，只要登录这一系统，就能够及时了解到上下游的供需状况以及其他解决方案或者相关信息，"这样能够慢慢培养客户的使用习惯，使他们以后渐渐形成一有煤炭需求就登录这一系统寻求帮助，这将极大地提高我们信息化程度，及时准确地获取客户信息。"

泰德煤网在对煤炭的采掘地、中转地、消费地这三个煤炭流通核心点分析后，提出在中转地（通过租赁的形式）实现可视化交易，因为煤炭在中转地能够最有效地体现价值，实现煤炭的混配，同时可以有很多的中转路径，另外有了基地和平台，能够看得见，这样可以给消费者和投资者以信心，实现可视化交易。

没有煤矿，没有车船，更没有电厂、水泥厂，1999 年，一个由 7 个人组

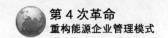

成的创业团队，依靠"煤炭供应链管理服务"的轻资产运营模式，大连泰德煤网从传统"煤贩子"里杀出了一条生路，使一个不过 300 多人的小企业在 2008 年创造营业额 30 亿元，上缴税收 1.2 亿元，人均创收超过 1000 万元，堪称一个"冬天"的奇迹。

虚拟的力量

太谷电力运营的"中国电能服务网"，是中国首家电能服务商，首个电能管理公共服务平台，致力于服务智能电网"最后一公里"。该平台提供科学的电能管理工具，指导用户实施节电措施，实现电能管理"数字化、网络化、可视化、专业化"。公司数十位资深行业专家、数百名电能管理师组成的专业服务团队，为用户提供"24 小时"全天候服务。

平台上线运营两年多时间，已在全国十多个省份的 50 多个城市服务了近 1000 家客户，客户平均整体节电 7%，节省开支 67 万元/年，并减少了大量的碳排放量，为企业和社会都带来了巨大的经济效应和社会效应。

太谷电力技术有限公司董事长曹萍说："地球因您而健康，电能有您更智慧。通过'中国电能服务网'的电能管理平台、互联网等，帮助用户准确掌握电网、设备运行指标，用户在任何地方均能及时把握用电动态，像理财、理物一样去管理好电能。"

可以设想一下，将来不论你身处何地，都可以清晰地看到家中空调、冰箱的用电数据，不必再因出差在外，担心家中的用电安全，用电更安全、可靠、经济、高效、洁净……我们做过测算，如果苏州的用电行业，有 50% 的用户运用这一电能管理服务平台，同时采取优化措施，将为整个社会创造 15 亿元的价值，节省碳排放量约 100 万吨。

据悉，该公司 2012 年的销售额将达到 3.2 亿元，并计划于 2013 年上市。10 月 25 日，工信部首批两化融合促进节能减排重点推进项目的名单公布，太谷电力"电能信息化管理公共服务平台"成功入选该项目。

看得见的电

看不见的电，在电力控制平台上变得清晰可见。坐在监控室正通过电能服务网络帮助企业监控用电情况的工作人员介绍说，每度电从进入企业的变压器，管理平台就能跟踪它的"足迹"，用在哪台机器上，一目了然，这克服了大多数企业难以掌握自身用电细节的困难，电能也能像人、财、物一样，实现精细化管理，能够为用户省下至少 8% 的电力消耗。

位于苏州新区的天马医药集团是用电大户，每月电费高达 100 多万元，企业节电多年来停留于单一产品和局部技术改造。通过引进太谷电力的管理平台后，空调压缩机串联管理、电动机功率合理调配……电费降至 70 多万元。

"看似简单的加减法，实则蕴涵高超的管理水平。"天马医药副总经理高龙根说，"现在每次出差带上笔记本电脑，登录中国电能服务网，无论身处何处，都能清晰掌控用电状况，关键是节能减排实现了常态化。"

电能管理服务的盈利模式是：与企业签订电力管理合同，为其提高节能诊断、融资、改造等服务，并通过分享节能效益方式回收投资和获得合理利润。比如，2010 年 1 月，A 公司与太谷电力签订电能服务管理合约。根据合约，太谷电力将为企业免费安装相关设备，使得 A 公司 2011～2013 年的电耗水平降至 2009 年的 95% 以下，太谷电力每年收取原电耗的 3% 作为管理费。三年后，用电企业可选择续约，则管理费降为 1%。

为保障电能用户投资的零风险，平台与中华联合保险合作为用户提供投

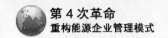

资保险机制——"用户投资多少，服务意外就赔付多少"。

太谷电力的电能管理平台不仅能节能减排，还能改善电能质量。宾馆酒店的灯泡无故损坏、大型钢厂的计算机突然死机、工厂生产的玻璃瓶气泡较多，这都与电力污染有关。电能输送到用户后，用电器会向电网产生"谐波"，会影响电能质量指标，降低电网可靠性，缩短电气设备的寿命，降低了产品质量，将带来很大的经济损失。太谷电力的管理平台实时监控企业内部电网的一举一动，稍有风吹草动，立即采取行动，有针对地改善电能质量。

可口可乐装瓶商苏州分公司加入太谷电力的服务平台后，解决了长期困扰企业的因电能质量问题导致流水线每年跳闸五六次的棘手问题，减少损失60 万元以上。

中国的节电市场是一个沉睡的市场，据统计，它具有数千亿元的巨大市场份额，谁能唤醒这个市场，谁就将获得无法估量的回报。

将世界联成一个网

苏州太谷电力是我国第一家第三方电能管理服务商。眼下，"太谷模式"正在全省推广：苏州工业园区年耗能 3000 吨标煤的企业 10 月份全部对接太谷，园区唯亭镇 100 家企业 9 月 21 日集体签约太谷；张家港市将全面与太谷对接确保 GDP 能耗的下降；南京、泰州等地企业纷纷"联网"。今后，居民用电也将纳入太谷的服务体系。

随着 DSM 平台的不断深入推广，必将带动智能电网和电能服务产业链的迅猛聚集与发展。唯亭镇也将依托该平台的建设，打造"智能电网的最后一公里"产业集聚区和电能节能减排示范区。

电力需求侧管理到底是个什么概念？据介绍，电力需求侧管理是指由政府主导，电力公司为主要实施推广单位，旨在以经济激励为主要手段，引导和刺激广大电力用户优化用电方式、提高终端用电效率、实现重大电力节约的节电管理系统工程。通俗地讲，就是利用智能节电平台为用电大户诊断哪些方面还存在着节电潜力，然后通过科学措施来帮助企业实现再节电。

中国电能服务网，国家立项，苏州试点，全国推广，目前平台用户已覆盖珠江三角洲、长江三角洲，客户包括可口可乐公司、兴达纲帘线厂、南园宾馆等；平台服务商包括科陆电子、太谷电力、派诺电子、中华保险等。以中国电能服务网为依托的电能服务业是一个新兴的现代服务行业，它的产生和发展将形成一个巨大的产业链。今天你是客户，明天你有可能是服务商。

从 95598 说起

2009 年，在国家电网高培中心教学时，我举了个例子。过去，我们使用的第一代电表，每到收取电费时是需要电力公司派出很多工作人员出去抄表下单，管理成本极高，电费难以回收。

随着科技的发展，电力公司又推出了第二代卡式电表，客户只要到售电的营业网点，购买一定数量的电，回家插在电表里就能用了，没了再去买，电力公司的管理成本大大降低，同时，也方便了顾客。这样就没有问题了吗？

还是有，那就是当我们忘记购电时，回家发现家中停电了，冰箱的东西都已经解冻变质了，如果再赶上三更半夜就麻烦了，今晚，就可能会在漆黑中生活，给生活带来了不便。创新并不仅仅源自实验室，更多的时候是来于顾客问题的驱动。作为企业的管理者应该善于洞察和发现客户的问题与需求，进而指导企业去进行创新。

针对以上的问题我们能否提供解决方案呢？让我们想想，电力公司的95598 呼叫中心的功能是什么？是投诉热线，是报修热线等。其实，它的价

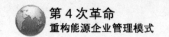

值远远不止于此，它将彻底颠覆传统电力企业的管理模式，从传统的供电模式到即时响应客户的变化与需求。

比如，我正在上课，忽然手机发出了嘀嘀嘀的声音，原来是95598的一条短信，提醒我家中的电表剩余电量不多了，为了保证你的正常用电请及时购电，而且，只要你回复某几个字母及需要购电的电量是多少，瞬间电量就直接进入到你家里的电表，而且，无论你身在何处，就算你在三亚的沙滩上晒太阳，也可以购电，这可能吗？现在的技术不是很容易实现吗。

最近，在给国家电网科技人才进行创新管理培训时，我提出了一个问题：国家要实行阶梯电价了，我们站在客户的角度想一想可能面临什么样的问题呢？客户能否及时了解到家庭每天的耗电状况。因此，我们能否通过互联网及移动通信平台，为客户通过短信提醒客户的电费消耗信息，这岂不是很有价值，也能更好地帮助客户掌控家庭的电费开支。

电力公司开展"听得到的微笑"服务活动，目的是通过95598服务热线，用声音传递供电企业优质服务的内涵。同时，也制定一系列服务标准，比如，电话的响声不能超过三次等，这的确是重要的。但现在不是超过几声的问题了，而是时时响应顾客的需求了，呼叫中心已成为重构管理模式，提升服务水平的重要因素，已不仅仅是售后服务管理的通道。它是企业构建管理平台的价值集成中心，是移动终端的要道之一。

江苏电网今年将正式拉开智能电网建设的帷幕。该公司年内力争实现居民小区水、电、气"三表"的数据集中采集，推进智能小区建设，出台相应的接入标准；建成用电信息采集系统，实现配电网负荷信息和用电终端用电信息"全覆盖、全采集、全费控"系统的建设；推进用电需求智能调节控制、用电故障自动诊断消缺，形成"互动营销服务"的新模式。

物联网技术开创智慧节能新时代

"智慧节能"即通过运用物联网技术，针对各用能环节建立实时在线的能源利用状况监测系统，获得即时、准确、全面的能耗数据，同时结合专业的专家决策系统，形成能源管理、节能指导的整体管理体系。

2008 年，广东荣文能源科技集团有限公司消化吸收了美国埃施朗公司、法国 SLV 公司等系统集成和智能控制技术，开发了具有完全自主知识产权物联网技术的"荣文智能路灯控制系统"，相关技术已获得 25 项国家专利证书、6 项计算机软件著作版权证书。通过应用物联网技术，公司实现了技术创新、产品创新、服务创新、模式创新，提高了核心竞争力，完成了企业自身的转型升级。

"荣文智能路灯控制系统"集硬件、系统、服务和优化管理为一体，是物联网技术与节能技术结合的典型应用，通过提高灯具的使用寿命，减少电能消耗，达到高效的节能效果。

"时间模式"可根据每日不同时段的道路繁忙程度，系统自动调整路灯工作状态；"季节模式"根据路灯地理位置、季节等参数，系统自动生成照明工作任务；"应急模式"则根据天气情况（白天浓云蔽日、突降暴雨等）、突发事件（交通事故等），系统及时下达相应工作任务，通过智能管理实现节能 20% 以上。

该系统还具有以下特点：高节能，在保证亮度提升 10% 以上和亮灯率 98% 以上的基础上，节能 60%。减少日常"按需照明"，合理分配"过度照明"。同时，通过实时故障分析及预警，路灯管理人员无须巡灯就能及时准确维护修复灯具，避免 40% 维护成本，1 万盏路灯每年可节省约 100 万元维护费。易改造，节能改造无须重新布线施工，节省投入。

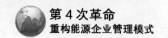

利用供电线路实现灯与灯之间的通信，通过中国移动 GPRS 无线网络，实现远程与路灯监控中心通信，改造只需更换灯具，并在原有配电柜内加装智能物联控制基站就能完成，工程量小、成本低。可扩展，通过现有建成物联网路灯基础上增加传感设备，可扩展环境监测、道路监控等多领域实现城市物联网功能，拓展城市智慧化的管理服务。

截至 2011 年 4 月，已对东莞长安镇、大岭山镇、茶山镇、南城区近 2 万盏路灯进行"智能路灯控制系统"改造，取得了良好的效益。根据东莞市供电局、东莞市监督检测中心提供的数据，东莞长安镇中心区 7379 盏路灯节能改造后，年均减少耗电 530 万千瓦时，年节省电费 480 万元。

目前，荣文公司已与 107 国道签订协议，即将对该国道某路段进行改造，按照现有灯具功率 400W，平均照度 6.27/Lx，改造后灯具功率 150W，平均照度 22.40/Lx，亮度提升 257.26%。预计每年减少灯具维护成本（含配件、人工及车辆机械等费用）737900 元。

从价值链到价值网

近几年，关于商业模式的创新与设计，风靡一时，很多企业管理者都关注商业模式的研究，的确，无论企业管理者是否意识到，其实在每个成功的企业背后，都有一个目光敏锐的人可以感觉到的商业模式。但是，从商业史上看，真正创造出来的伟大商业模式非常少，他们大多运用分析的眼光，归纳出了一种抽象"模式"，难以实现持续有效的运作。

一个好商业模式所做的，就远非仅仅赋予企业家寻求资本的合理性。而且，好商业模式的内容，也不仅仅就是一个企业如何赚钱的问题。商业模式反映了围绕着管理的系统思想。

比如，苏宁易购网诞生了，为了提升网站的影响力，苏宁易购开辟了图书专柜，如果在传统的苏宁店里卖图书，大家就会觉得莫名其妙。但是，在虚拟的苏宁易购网里，苏宁却卖起了图书，而且，首推当时的畅销书《乔布斯传》，价格折扣很大，引发了许多消费者的响应。苏宁卖《乔布斯传》是为了宣传网站，增加网上社区的人气，如果消费者在苏宁社区里，忽然看到一款电器产品感兴趣，购买了某款电器，卖书折扣的钱，早就挣回来了。尽管，当当也是开网上书店的，但在商业模式上却有一定的区别。

再者，京东和天猫都通过网络卖电器，本质上还有差异。京东电器是经销商，只是将现实商业世界里国美和苏宁的模式搬到虚拟的空间里运作，而淘宝则仅仅提供平台，由电器经销商或电器制造企业本身经营，淘宝只当裁判，其实淘宝更像一个金融平台。

这种模式的未来，可能会让更多的电器企业实现跨越经销环节，直接面对大众，更重要的是制造业只要在淘宝上开个旗舰店，其他的事情交给淘宝整合的商业系统就可以了。我们还可以大胆地想象一下，甚至通过淘宝平台，可以让淘宝店直接与生产相连接，按需生产。那就太可怕了，这就能大大地降低企业的成本，提升企业的生产效率，实现消费者与企业的信息共享。

而京东呢？自身就是一个经销环节，不信你去看看，淘宝商城的许多产品都比京东更便宜，京东在强大的竞争压力下，靠着资本的注入，凭着巨额的亏损在艰难地前行着，而且，还不断地在传统媒体里进行着大规模的宣传，真不理解这样烧钱做广告为什么？因为有钱，京东的管理者们还没有抓住互联网模式运营的本质，孰优孰劣，一看便知。

当然，我从来不认为没有什么不可能，如果能及时调整经营模式，进行系统的思考，如果京东网能抓住问题的本质，依然可能创造奇迹，我依然在

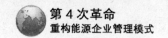

关注着京东的破坏性的创新，但目前来看，京东并没有逃离商品化陷阱。

尽管京东也是通过网络将多方进行集成，共同创造价值，但是，依然还要通过商品的转移获得收益，还有烦琐的价值链管理；而天猫，更像一个平台，仅仅提供信息共享，超越了产品，价值链变成了价值网。

互联网时代，一切都将重塑。当今的工商领袖，必须重启思维，学会在虚拟的世界里做出正确的决策。

突破传统的线性思维

新经济时代的公司不仅需要卓越的产品线，更需要整合一个商业系统。在这个商业系统中，价值不再是简单地从原料到制造再到消费者的传递，不再是某一个业务单元创造了价值，获得差额，然后抛给下一个角色。在这个商业系统中，制造、采购、销售、设计乃至消费者也被纳入其中一起创造价值。这不再是一个单向运转的价值的链条，而是一个多维的价值网。

2004年我在《管理新经》一书中提出新经济时代的企业要想重塑竞争优势，必须突破线性的思维转向立体的网状思维，站在更高的层面思考战略的创新。

企业如何才能做到不仅能在现实的商业世界里创造价值，而且还能在虚拟的市场空间里创造价值。价值链是波特教授提出的产业竞争分析的经典框架，它对于工业时代企业在产业格局中的竞争态势具有很强的指导意义。

但是，在今天知识经济时代，互联网的出现已经打破了行业的界限，全世界在虚拟的世界里已经被链接成一个整体。价值链分析对于相对封闭、稳定、线性关联的传统产业环境比较有效，但是在信息化与全球化时代，对高度不确定环境下的企业网络系统就有些力不从心了。

企业如何才能做到不仅能在现实的商业世界里创造价值，而且还能在虚拟的市场空间里创造价值。现实世界里的价值链是一系列的增值行为，它可以将一个公司的供需链接起来。但通过对价值网的分析，可以使管理者重新设计他们的内部和外部的工作流程，以提高企业的效率和效益。

什么是价值网

价值链概念的产生和价值链分析工具对研究企业战略和利润获取提供了重要思想。但随着互联网时代的到来，价值链所在的那条通路已经变得更加通畅和开放，已经不是一个有局限的管道而是一个开放的空间，商业模式也发生了翻天覆地的变化，新的商业形态层出不穷。

传统的价值链是一种线形思维，要创建新型的商业模式在这个管状的链条上已经找不到出路了。在价值网的思考模式下，企业面对的不仅是供应商和客户，不再是简单的供应和销售的买卖关系，而是全方位的资源——产业链上、下游的经营主体如供应商、渠道、终端及客户，以及市场上的其他的相关主体如金融机构、政府、媒体等都看成在同一平台上的待整合资源。价值网是一种立体的空间思维模式，它突破了传统价值链的直线式沟通，即由供应商——企业——顾客的价值递增模式，转变成网络内参与成员的多项沟通，全面价值共享的商业系统。

企业不是仅仅通过封闭的价值链管理活动获取效益，而是通过构建一个开放的资源平台创造价值，通过系统的资源整合重构商业模式的基本价值再造理论模型。

价值网的价值在于整合经营资源共同创造顾客价值的商业活动。价值网理论可以让企业的战略视野更加开阔，更加有效地进行战略变革。

价值网并不是简单的某一产品的具体定位，或针对某一消费群体的特别促销，价值网是品牌经营的系统的价值定位，它并不简单地细分市场，而是

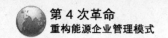

广泛地影响顾客。为顾客提供的也不仅仅一定是独特的产品和技术，而是一个"全面的顾客创造价值的系统"。客户所获得的价值再也不是购买产品后，所获得的满足，而是从购买开始即获得价值。

企业的核心竞争力也不再是我们所理解的技术、质量、人才、渠道等支离破碎的环节，而是一个不断创新的动态经营系统。

因此，我认为，价值网具有不可比拟的优点：1. 能量在传递的过程中不再有损耗；2. 各个成员单位同时创造并分享价值，最接近价值的最大化；3. 公司将不再是一个封闭的赢利单位，而是一个与社会生活充分融合的开放体系。这时候，企业将不会在价值链上走钢丝，而是在价值网上舞蹈。从价值链到价值网的视角切换，将是未来公司重构商业模式的重要哲学基础。

转变的意义

2008年，IBM高级副总裁纵论商业发展新模式的《开放性成长》一书中，他强调未来的公司要逃离商品化陷阱，赢在组件化平台，商业大趋势：从价值链到价值网。

IBM公司高级副总裁，主要负责该公司核心商业过程的转换，引导其由内部向开放的商业过程转换，并创建了支持转换过程的平台以及相关的企业文化，从而让人们清晰地认识到这种转换为IBM所带来的价值。

近来关于商业生态系统，也有不少的论述。"商业生态系统"一词是由美国战略学者詹姆斯·穆尔于1993年在《哈佛商业评论》所发表的《捕食者与被捕食者：竞争的新生态学》一文中首先提出的，他指出："商业生态系统是以组织和个人的相互作用为基础的经济联合体。"而哈佛商学院教授马尔科·扬西蒂和罗伊·莱维恩在2004年合著的《共赢：商业生态系统对企业战略、创新和可持续性的影响》，从准自然生态系统的角度，深入阐释了在信息经济时代，全球顶尖大公司通过构建商业生态系统，所赢得的平台级竞争优势。

随着全球化的产业分工与资源整合，以知识驱动的商业潮流，制造业的服务化与多元化，传统的产业分野正在消失，今天甚至每隔半年到一年，上市公司的行业分类就要进行重新调整。企业在界定明确的、永恒不变的产业里争夺市场份额的想法更加不切实际，无论是"价值网"，还是"商业生态系统"都是对传统经营理念的一种破坏性思维，并非是简单意义上图形的变换，而是一种思考方式的革命。

价值链以工业经济模式为基础，以销售产品获取利润为导向，其价值的创造是线性流动，但其效益则是递减的；而知识经济时代，企业经营的获利方式是构建多极能量的共享价值平台，强调的是共同创造价值，来提升企业的竞争能力。

从整个经济发展的时代特色来看，目前信息技术向经济与社会各领域的全面渗透，传统产业的信息化，企业间正在形成的网络化链接和大规模依存关系，GE、ABB、IBM、西门子、谷歌、泰德煤网等公司，都已超越了产品与技术，与客户共享知识系统。

没有一家企业能够拥有创造独特个性化体验所需的全部资源，全球化时代的企业价值创造，将是一大群不同规模、行业的企业抱团合作的结果。

这正是"绿色公司"所涵盖的商业技术、伦理与模式出现的根本契机与发展条件，对绿色公司的清晰界定与深入解读，需要寻求超越价值链的新路径。为此，未来的发展模式应对企业的内外资源进行有机整合，通过互联网构建智慧的能源，为社会与客户创造新的价值。

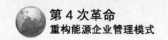

信息时代的变革管理

电力行业是技术密集和装备密集型产业，其独特的生产与经营方式决定了其信息化发展的模式。

中国电力系统的信息化从 20 世纪 60 年代起步，最初主要集中在发电厂和变电站自动监测/监制方面，20 世纪 80～90 年代开始进入电力系统专项业务应用，涉及电网调度自动化、电力负荷控制、计算机辅助设计、计算机仿真系统等的使用。20 世纪末，电力信息技术进一步发展到综合应用，由操作层向管理层延伸，各级电力企业建立管理信息系统，实现管理信息化。

相对于传统应用，电力信息资源的开发尚处于刚刚起步及发展的阶段，目标是形成集中、统一、稳定的信息采集渠道，基本建成覆盖全行业各门类的电力信息资源共享体系，为电力企业向集约型转变服务。由于行业的特殊性，电力行业对 IT 设备提出了高安全性、高可靠性、高稳定性的要求。各个电力企业已经加快了自己信息化的进程，办公自动化（OA）、MIS 系统、电力市场和营销系统（EMS）、电力调动系统（DMS）、配电管理系统、呼叫中心（Call Center）以及电力自动化管理系统已经有广泛的应用。

但是，电力行业和其他行业不同之处是，各个省市独立规划和运作，所以各个省市的电力企业 IT 系统建设面临着多样性、复杂性。

其实，信息化工程建设遇到的更多的问题，不是来自于技术，而是缺乏正确的思维。信息化的建设，不是分疆而治，而是对整个企业的各个业务进行无缝隙式链接，甚至与外部相关的合作伙伴、消费者也建立起开放的知识平台。这样才能提升效率，增加企业的竞争力。

比如在教学的过程中，有这样一个"关于通过信息化推动基建项目集约化的行动策略"的实践练习。很多学员在作业中都提出了问题，却没有真正利用信息化提供有效的解决方案。以下是我在作业中收集整理了关于基建项目管理中存在的部分问题，拿出来做一个探讨。

1. 设备因运输原因不能按合同约定时间供货，影响工程按期竣工。220千伏某输变电工程 SFSZ10 - 180000/220 主变压器，约定 2009 年 8 月 30 日交货，但由于供应商未提前办理特种设备通行证导致在某处收费站被扣留，实际到货日期为 2009 年 9 月 20 日。

2. 通用设计的问题：生产厂家对国网通用设备理解以及贯彻落实存在一定偏差，这也是落实"三通一标"最大的难点，占影响因素的70%。设计单位对通用设计的改版（增版）工作还不能完全满足应用的需要。占影响因素的20%。其他问题，占影响因素的10%，如部分通用设备不能覆盖新疆特殊气象区域；标准施工和安装工艺与通用设计的衔接还比较薄弱；对三通一标的认识理解和执行上存在差异。

造成以上的问题的根本原因，是没有充分发挥信息化平台的价值。没有通过互联网与各个供应商、合作单位形成有效的共享界面；缺乏对施工的全过程进行信息化流程管理。

如果我们与设备供应商形成有效的知识共享平台，当设备供应商接到订单后，通过电网公司对其开放的界面，输入设备的编码，就能显示其设备是否是特种设备、交货的时间、通用设计的标准，以及具体的技术参数、是否有特殊气象条件对材质的要求等。

如果是特种设备，就需要办理什么样的特种设备通行证？办理的过程需要多长时间？需要什么手续？找哪些部门办理？联系方式？交通地图及方式？办理的具体流程是什么样？这样供应商根据交货时间就能制定生产及办理相关证件的作业流程，而且整个作业进程供应商又能在电力公司提供的界

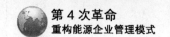

面上，进行实时登录信息，让供应商与施工方，进行信息的实时共享。当设备制造完备，物流公司又能根据对其开放的界面，即时进行物流服务，同时，通过信息化系统，又能让施工方实时跟踪物流的状况。

当然，也可以将报批文件的相关部门也通过互联网链接到这个平台上，将物流、信息流、资金流合而为一，进行信息共享。这样就可能会避免以上出现的问题。从而实现协同运作、即时响应，设备到了能即时装配和调试。这样不仅提升基建管理水平上台阶，同时，还能提升基建效率，降低基建成本，提升基建工程质量，提高基建的安全性。

智慧的地球

IBM看到了互联网时代引发的财富的革命，将硬盘业务卖给了日立，把个人电脑业务卖给了联想，并收购了普华永道咨询公司，向服务型企业华丽转身，迈出成为方案整合者的坚实一步。

IBM已经建立起知识共享体系，这些知识能够赋予IBM链接并协同一切资源来共同解决问题的能力，以方案整合者的形象重塑市场定位，超越了产品竞争的模式。

在目前IBM的业务组成中，技术与管理结合的方案咨询逐渐成为主业，服务器、软件等传统产品成了它为各行业客户所提供的解决方案的组成部分。随着这样的市场定位得以实现，伟岸的蓝色巨人再次站在IT业的浪尖。也许，我们已不适合再称它IT企业了。这是一种新型的跨界融合，并成功地为自己开创了广阔的发展空间。

"过去一直讲工业化和信息化融合，但主要是基于宏观角度。温总理报告中提出了发展智能电网，这是一个难得的良好切入点。"全国政协委员、中国工程院副院长邬贺铨曾表示，智能电网的概念早已有之，最近大热，简要分析，离不开智慧地球概念，智能电网是其重要的组成和应用。智慧地球的范围比较广，有智能电网、智能交通、智能物流，还应用在医疗卫生、金融管理、食品跟踪等方面。

当前我国经济社会面临的资源环境压力越来越大，国家节能减排任务任重道远。2010 年国家发改委颁布了《电力需求侧管理办法》，其中明确指出了电网企业的年度电力电量节约指标。针对如上要求，电网企业主要面临以下压力和挑战：

- 缺乏对用户的用电行为深入洞察，难以精确掌握用户用电特征。

- 缺少科学的评估手段，难以结合用户用电行为和用电模式准确识别有节能潜力的用户。

- 传统的数据，不包括海量、额外的信息。随着智能电网的兴起和智能电表的大规模部署，具备了实时、海量和新的数据源，但缺少科学的方法和手段使用这些数据，并提供更优质的节能服务。

- 缺乏综合考虑电网体系复杂性和用户需求的手段来有针对性地提供节能措施。

因此，电网企业迫切需要面向节能服务的智能用户评估，通过用户评估了解用户的用电行为，精确掌握用户用电特征，并综合考虑用户需求和电网体系采取有效的节能措施和提供优质的节能服务。

IBM 的智慧电网解决方案

IBM 对智能电网也积极应对，IBM 的"面向节能服务的智能用户评估解决方案"（iCARE）为电网企业从多维度评估用户提供了一种科学而系统的方法和工具，并在结合以用户为中心的分析和复杂电网拓扑的情况下为电网企业及其用户提供具体的节能建议。这套解决方案的功能包括以下四个模块：

● 海量数据集成：将海量异类的用户数据集成在统一视图进行管理。

● 用户节能潜力评估：基于用户基本属性分类、用电行为分析、用电模式分析，结合专家经验和行业对标通过决策树模型评估用户的节能潜力。

● 节能方案评估（用户收益）：基于用户节能潜力评估结果，产生候选节能方案，通过节能收益、成本、环境影响、风险等多方面指标建立评估模型来判定节能方案对用户的收益。

● 用户群节能方案评估（电网收益）：从电网可靠性、安全性、经济性等角度评估单用户候选节能方案对电网的收益，产生配网内用户群候选节能方案，考虑多用户交互影响，结合电网体系综合评估用户群节能方案对电网的收益，从而得到全局最优化方案。

为电网企业创造价值

通过实施这套方案，电网企业可以更好地为用户提升服务和高智能决策水平，获得经济和社会责任方面的共赢；也可以实现电力用户与电网企业的智能化双向互动，建立以用户为中心的分析并为用户评估节能方案提供节能建议。其核心价值主要体现在以下几点：

1. 基于 iCARE 海量数据分析优化引擎对用户深入洞察、科学评估，在用电行为和用电模式等方面多维度评估用户，进而为电网企业建立良好互动体系和智能决策平台，实现用户和电网企业的智能化双向互动。

2. 通过 iCARE 识别节能潜力用户，并在结合以用户为中心的分析和复杂电网体系的情况下全面评估节能方案，科学有效地构建用户和电网节能的智能决策体系，为电网企业及其用户提供具体的节能建议。

3. 通过 iCARE 在保证用电服务质量的前提下达到节能的目标（减少碳

排、削峰填谷、平衡供需），从而提升企业社会满意度和品牌形象。

谷歌也能源

2010 年 1 月 9 日消息，据国外媒体报道，谷歌 2009 年 12 月在美国特拉华州成立了一家名为"谷歌能源"（Google Energy）的公司。此举可能意味着互联网巨头开始真正打算迈入能源领域。

美国能源管理部门已批准谷歌成为一家电力经销商，允许这个互联网巨擎像一家公用事业单位一样买卖电力。美国联邦能源管理委员会（FERC）一致通过了谷歌以市场价买卖电力的授权申请。FERC 在其月度会议上投票之前说，谷歌目前并没有生产电力的设备或用于传输电力的输电线路，并且也没有制定利用这一授权零售电力的计划。

大多数电力经销商都是公用事业单位或发电厂，但一些大的电力用户，如连锁超市 Safeway Inc 和美国消费品制造商金百利克拉克也曾获得 FERC 的授权。

谷歌表示，它对电力市场的兴趣来自于管理自己能源供给并更好地接触可再生电力的渴望。谷歌没有提供它的电力使用信息，但它运营着像大型数据之类的大规模网络。

谷歌一位女发言人说，谷歌没有销售它的能源管理服务或在能源市场进行投机的计划。她承认，该公司并不确切知道以后会怎么利用这一授权。"我们提交这一申请，目的是为了自己的运营，包括数据中心，在获取电力方面有更大的灵活性。FERC 的授权将提高我们保障自己购买能源及接触可再生能源方面的能力。"

2009 年 2 月举行了一个"智能电网峰会"，公布了一个叫 PowerMeter 的网上系统，是帮助消费者管理他们能源的在线工具。谷歌正和电网公司测试

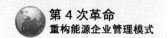
这个系统，并计划向用户提供免费的实时用电信息（请注意是免费的）。

构建知识共享的平台

随着新经济浪潮的到来，知识管理正以其不同于传统管理方式且更可以快速创造企业新竞争价值的特质，引起企业的极大关注。以传统思维与传统方法需要 5~8 年才能完成的事情，在数字时代的资源整合与工具下，可以在半年时间内完成；一个以传统行销策略与执行方法需要数十人的推广工作，在电子行销与信息科技辅助下，仅需 2~3 人便可完成。

网络与通信科技带来的前所未有的速度与竞争，在改变人类的生活状态与商业经营模式的同时，也会产生更大的数字落差与知识落差。企业通过知识管理策略及网络平台的支持，可以较之以前数十倍或上百倍的速度，对创新的方案进行分析和决策。

在网络平台上，最佳的解决方案可以立即由单个的业务部门传送到决策层或专家顾问群。与此同时企业还可以在网上进行培训或召开各种网络会议等，大大节省公司内部消耗，避免不必要的时间浪费，提升各部门的工作效率，产生新的企业竞争价值，提升企业核心竞争力。

西门子公司对知识管理的认识以及具体的实施方面，走在了其他企业的前头。通过对有效的知识管理，提升企业在各个业务领域的业务价值，并以此作为创新管理的基础。

通过加速知识流和知识整合缩短产品上市时间；通过感知和获取遍布全球的知识和信息，并对之实现有效共享和管理，以便及早获得战略机遇；通过实施实践社区来管理企业核心能力并加速知识创新；通过建立面向客户的虚拟社区来改善客户忠诚度；通过组织知识座谈、知识咖啡馆等方式加速各种创新实践在组织中的传播。

成功的知识管理系统绝不仅仅是一个技术相关问题，而是同企业战略、价值观、组织、人员技术等各个方面都有紧密联系。知识管理首先是对知识人才的管理。

南方电网携手中国移动构建信息平台

2009 年中国南方电网有限责任公司、中国移动通信有限公司达成战略合作，将本着"互惠互利、优势互补、共同发展"的合作原则，在基础通信、管理信息化、市场营销信息化、信息化技术交流合作等方面开展合作。

进入低碳经济时代，为了满足华南地区不断增长的电力需求，实现对电力能源的优化配置和高效利用，南方电网加大了对原有电网的改造与升级，致力于建设统一开放、结构合理、技术先进、安全可靠的现代化大电网。而信息化对于这一目标的实现具有重要推动作用。

智能电网本质上是电网与信息通信的结合，智能电网对通信网络的核心需求首先是安全可靠的运行控制；智能电网还需要一个广泛的用户群覆盖、高效友好的无线网络帮助实现与广大用户的交互式互动。

作为国内最大的通信运营商，中国移动一直以来致力于推进各行各业的信息化进程，全力打造高效、开放的"物联网"，构建和谐的数字化生态系统。近年来，中国移动相继推出了电力抄表、交通物流、安防监控及电子支付等一系列 M2M 信息化解决方案，通过基于移动通信网络的机器与机器，机器与人之间的信息采集、传输和应用处理，实现对机器的远程监控及指挥调度。

这次战略合作标志着南方电网与中国移动将在智能电网的建设等方面展开全方位合作。双方合作涵盖三大领域，即电能计量自动化系统、电力行业

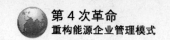

终端通信保障平台和95598服务热线服务平台。

目前，电能计量自动化系统已经应用在大客户负荷管理、配变监控和低压集抄领域，据统计，南方电网仅在广东区域的计量自动化终端数量就超过了25万；电力行业终端通信保障平台的推广应用，将使南方电网电力通信故障平均处理时间将缩短一半以上，大大提升服务水平和客户满意度；中国移动还将利用自身优质的客户服务热线平台，为南方电网设立95598专属服务热线和短信服务平台，为电力客户在报装、抢修、投诉和咨询等方面提供优质、方便、规范、快捷的服务。

第六章　不仅仅是对标

在现实的商业实践中，许多企业管理者因循守旧、故步自封，缺乏打破旧秩序的胆量和勇气。经常搞些莫名其妙的对标管理，我真不理解对标如何对出个一流。竞争的法则不是和竞争对手做得一样好，而是独特。不破不立，今天的企业管理者要有打破旧秩序，重建新模式的激情和勇气。

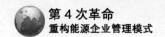

宝马车一踩油门，就能在 6 秒之内，时速达到 100 迈。如果我们将宝马油门安装到一辆夏利车上无论如何你 6 秒钟也无法达到这个速度。为什么呢？不是油门，是夏利的系统无法兼容。

近来很多企业纷纷引进国外先进的管理系统：ERP、平衡计分卡、六西格玛，非但没有提升企业绩效，甚至成为了阻力，难以运作。不是这些管理系统有问题，是因为你的管理理念、体制和系统无法兼容，橘生淮南为橘，生在淮北则为枳。

3M 公司从 2006 年在波士顿咨询公司"全球最具创新力企业"排行榜中的排名跌至第三名后，外界还是对 3M 公司的创新活力产生了一些疑虑，也有人质疑是否是因为前任 CEO 詹姆斯·迈克纳尼引入的六西格玛管理方法而导致了 3M 公司的"创意流失"。

六西格玛管理方法是一种基于客户满意和数据分析的管理方式，它通常强调的是改进质量、提高效率、降低成本。当初在迈克纳尼的带领下，这一管理方法的推广也的确曾对 3M 公司利润的增长起到了积极的作用。

然而，正如 3M 现任首席执行官乔治·巴克利所言，"创新的本质就是一个无序的过程"，这是否意味着六西格玛管理方法与创新是相互矛盾的呢？3M 大中华地区常务董事兼 3M 中国有限公司总经理余俊雄先生就此表示，创新应该是一种艺术，而不是一种科学。对数据"过分执行"的做法是不对的。不过，这也并不代表着六西格玛是完全与创新相违背的。一个研发人员可能在任何时候想到一个点子或创意，如果没有经过对创意的适当引导和管理，它很可能就会一晃而过。

尽管，我们无法论证六西格玛管理方法制约了 3M 公司的创新，但是，我们却可以清晰地看到，管理工具绝不是简单地拿来，而是需要与公司的理念相融合，才能发挥效能，否则，就是"邯郸学步"了。

创新——今天的管理主题，对很多公司来说只是一个时髦的口号或者一个保险的标签，只是在公司的会议、公司广告和年度报告中提到的令人生畏的言辞。

在过去一段时期，许多公司能够主宰一个产业，甚至开辟出一个新的产业——通过突破性的技术、大胆的新想法、新奇的服务理念或者规则形成颠覆性创新的商业模式。当今，关于组织如何建立深度且持久的创新能力——使组织能持久获利和保持竞争优势的能力成为首要的课题。

在真实的商业环境中，一项创新可能会迅速地被竞争者模仿，从而失去竞争优势。在创新的道路上不思进取的公司将在竞争者的不断追逐之下，迅速丧失市场份额和领先地位。随着经济的全球化的进程、信息通信技术革命的推动和日益激烈的商业竞争，这一情形已经变得尤为突出。

今天，一个重要的商业事实就在于，当公司面临瞬息万变的市场环境时，创新已不再是可有可无之物——它已经成为企业生存和发展的必要条件。因此，企业唯有将创新与进化纳入有效的管理规划之中，遵循明确的指导原则和方法论，进行持续不断地系统化创新，才能保持长久的竞争优势。

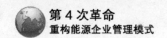
标对上了，理念对不上

瑞士豪瑞集团是全球第二大水泥生产及供货商，生产基地与销售基地遍布全球 70 个国家。

华中地区拥有长江流域纵横交错的水道运输网，又有丰富的石灰石矿资源，成为兵家必争之地。以湖北省为根据地的华新水泥是中国水泥龙头企业，生产基地遍布长江流域及沿海地区，销售网络覆盖南半个中国，正是豪瑞心目中的美味点心。

豪瑞用了差不多 10 年时间，2008 年终于成为华新水泥最大单一股东（持股 39.9%）。水泥的订货及生产流程，涉及大量数据处理。没有一个可靠的中央信息系统，就无法确保订单按时完成。华新水泥过去的 ERP 系统，随着业务和子公司的增加而不堪重负。

在豪瑞的推动下，华新水泥以 1 亿元引进世界领先的 SAP 管理系统，命名为"慧眼工程"。但 SAP 提供的只是系统平台，是硬件，更重要的，是豪瑞提供的技术培训及系统设定，即软件。

豪瑞提供一套专为水泥技术产业设计的"管理实践模板"，可以提供财务和非财务的详细指标定义，作出更准确、细微的分析，帮助提高绩效表现。

举个例子，如果要计算生产每吨熟料所需的热耗，一般企业会计算产生每吨熟料所用的"煤耗"。但豪瑞推行的 ERP 系统标准，是采用每吨熟料所消耗的"热能焦耳数"进行统计分析。这可以避免因使用"实物煤耗"而忽略"煤热能值"差异的问题。其实，过去华新水泥也有 ERP 系统，但是，由于理念不同，造就了极大的绩效差异。我们可以看出，差别不在 ERP 系统，而在于用何种理念运用 ERP。

要生产出优质水泥，在生料生产阶段，控制生料质量，保证入窑生料达到标准，才能最终确保水泥质量。那如何保证石灰石符合生料的质量要求呢？目前中国大多采用"人工化验"的方法，来分析石灰石的化学成分并指导开采。

由于技术手段落后，只好大量剥离覆盖层，挑选高质量石灰石，致使矿山利用率很低，全国评价石灰石资源的利用率只有60%，而大量存在的立窑水泥厂只有40%的利用率。

豪瑞如何解决上述问题呢？答案很简单，就是通过中子活化技术全程监控生料生产，这使华新水泥的石灰石利用率，由40%增至90%以上。

其实，华新水泥早在豪瑞进入之前，已引进中子活化分析仪。但为什么成效并不显著呢？主要原因是华新水泥只把分析仪用作检测原料成分，从未利用所得到的数据进行实时分析及监控，没有充分利用系统的效能和作用。

看来拥有高技术设备，并不能解决问题，关键是要有正确的思维。

纯低温余热发电

在水泥的生产成本中，煤炭及电力成本占45%，而今年煤炭及电力价格又不断上升。降低这一成本，是降低生产成本的关键。

在豪瑞的推动下，华新水泥利用新技术，进行了纯低温余热发电。

生产水泥时，窑头和窑尾均会产生废气，水流经过窑头、窑尾时，废气中的热能将水转化为水蒸气，水蒸气继而推动发电机产生电能。

这一技术无须消耗任何外来能源，只需建一个热交换器，将水泥窑头和窑尾排出的低温废气回收起来，通过低温锅炉产生蒸汽，推动汽轮机发电即可。每生产一吨熟料，平均可转化3.8万千瓦时电能。这不但减少能源消

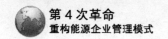
耗，废气通过低温锅炉，降低了排放温度，也减轻了环境污染。

华新水泥赤壁分公司的余热发电工程建成后，每年可节约用电约 30%，相当于每年节约 1.6 万吨标准的煤，每年减排 4.3 万吨二氧化碳。

综合能源利用

豪瑞还积极推动华新水泥进行综合能源利用计划，利用电厂粉煤灰便是一个成功例子。

火力发电厂烧煤发电后，残留下来的渣滓就是粉煤灰。燃烧 100 万吨煤，平均要排放 30 万吨粉煤灰，根据有关法例要求，企业须妥善处理粉煤灰。电厂多以湿法排放的方法，将粉煤灰进行填埋。

在豪瑞支持下，华新水泥变废为宝，将电厂残留的粉煤灰，变成有用的水泥混合材掺料（注：磨制水泥时，除掺入适量石膏外，还会掺入人工或天然矿物材料，以改善水泥性能、调节强度等级，增加产量。掺入的材料，称为水泥混合材），免去电厂湿法排放粉煤灰的成本。这不仅保护环境，节约能源消耗，还提高了水泥企业和电厂双方的经济效益。

以湖南岳阳一间发电企业为例，每年耗煤量 200 万吨，按年排放粉煤灰量 60 万吨计，每年得花 2000 多万元征用土地，以湿法排放进行填埋。

湿法排放成本不菲，光湿排一吨粉煤灰，就需要 20 吨水，以每吨水费 2 元计，排一吨粉煤灰需 40 元。

以华新岳阳水泥厂年产能力 100 万吨的一期工程为例，一年要"吃掉" 40 万吨粉煤灰，可直接给电厂带来 1600 万元的效益。还可以省下 2000 万元土地征用费。

此外，以粉煤灰作为混合材掺入水泥，每吨成本可降低 50～60 元，提高了产品竞争能力。

神奇的不止于此，毒鼠强、过期农药、生活垃圾、工业废油、禽流感动物尸体等，这些触目惊心的物体，也进入华新变废为宝的计划。它将这些物体本身含有的热质，完全转化成热能，甚至替代煤成为部分燃料。

2003年，9.8吨毒鼠强污染物被分批投进华新黄石分公司5号窑内，经1700摄氏度高温火化，变成水泥熟料。焚烧后排放的烟尘，也达到国家环保标准。

领袖和跟风者的区别就在于创新

这是乔布斯的经典语录。创新无极限！只要敢想，没有什么不可能，立即跳出思维的框框吧。如果你正处于一个上升的朝阳行业，那么尝试去寻找更有效的解决方案：更招消费者喜爱、更简洁的商业模式。如果你处于一个日渐萎缩的行业，那么赶紧在自己变得跟不上时代之前抽身而出，去换个工作或者转换行业。不要拖延，立刻开始创新！

你的时间有限，所以不要为别人而活。不要被教条所限，不要活在别人的观念里。不要让别人的意见左右自己内心的声音。最重要的是，勇敢地去追随自己的心灵和直觉，只有自己的心灵和直觉才知道你自己的真实想法，其他一切都是次要的。

这是流传在"果粉"之间的经典段子：三个苹果改变世界——夏娃的苹果让人有了道德，牛顿的苹果让人有了科学，而乔布斯的苹果让人有了生活。的确，这位创新教父和他创办的苹果公司在世界范围内改变了电脑和娱乐业。

在苹果的专卖店中，它们的服务人员都是专家，是创新人才，甚至是天才，但就是没有售货员和收款员。尽管苹果店中没有专职的销售人员，它们

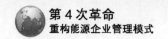
每平方英尺创造的收入要远远高于绝大多数知名的品牌。位于纽约第五大道的苹果旗舰店，每平方英尺的年收入已达到 4032 美元的水平，而蒂芙尼只有 2600 美元，百思买只有 930 美元。

苹果专卖店的经营理念是：为生活添色彩！它抛弃了传统零售业在店铺设计、选址和员工决策权上的条条框框。乔布斯说："拥有个人电脑早已不是目的，现在人们希望了解可以用它来干什么，这正是我们要给他们展现的。"乔布斯将塔基特零售店的前高管罗恩·约翰逊聘来负责苹果的零售业务，他有了一个在店铺中设一个吧台的灵感，只是这里提供的不是酒水，而是好的建议。

乔布斯在第一家专卖店中巡视一番后，要求把所有的产品陈列都集中在前 1/4 空间，后面的区域都要为了提供解决方案而布置。在解释这个"天才吧台"时，乔布斯说："如果你准备买或已经买了一台电脑，此时你有任何问题，都有天才来为你解答，这岂不是很美妙？这就是我们的天才吧台。我们有非常称职的员工在店里帮你解答任何问题。如果这个人也不清楚如何回答，（拿起红色电话）有专门的热线可以直接打到苹果在库柏蒂诺的总部，那儿总会有人可以解决。"乔布斯在 2007 年接受《财富》杂志采访的时候说："顾客是否了解这一切并不重要。他们的感受说明了一切，他们能感到这地方和别处不一样。"

2001 年，苹果的第一家专卖店在弗吉尼亚州麦考林的购物中心开业。过了不到 5 年的时间，年营业额就达到了 10 亿美元。它达到这个神奇数字的速度是历史上其他任何零售商都望尘莫及的。现如今苹果在全世界已经开了 287 家门店，每个季度都会带来超过 10 亿美元的销售额。苹果的投资人、员工和用户们都应该感谢乔布斯，是他拒绝用传统的零售方式销售苹果机器，为消费者创造了独特的专卖店体验的新概念。

南方电网的节能超市

"这是我们第一家地市级供电局节约用电服务中心，同时也是南方电网综合能源公司在基层设立的第一个营业机构。依托南方电网的营销渠道，南方电网节能服务网络将遍布南方五省区，客户只需要拨打95598供电服务热线或者亲临供电营业厅，就可'走进'南方电网'节能超市'，享受到专业贴身的一站式节能服务。"南网能源有关负责人介绍。

2011年6月7日，南网第一家地市级节约用电服务中心在东莞挂牌。目前南网能源重点推广的注塑机节能改造技术，已被列入国家重点节能技术推广目录，南方电网综合能源有限公司与东莞的5家塑胶企业签订了设备节能改造合同，承诺前期免费给塑胶机器上安装的设备可以省电40%以上。

鉴于东莞4099家塑胶企业对新技术推广存在的资金门槛，南网能源决定采取独特的推广模式：先免费给企业进行节电技术改造，然后再根据节省电量资金，以逐月分成的方式，慢慢回收前期投资。

供电部门介绍，初步调查东莞市有塑料加工企业4099户，用电量达33亿千瓦时，而注塑机的耗电量占这些企业用电量的比例达到50%～70%，通过对全市注塑机进行节能改造，每年可节约电量约8亿千瓦时，减少高峰电力需求15万千瓦。

尽管，这个"虚拟的店面"没有更多的可圈可点之处，只是传统模式的虚拟化运营，没有真正地体现虚拟的价值，形成更加人性化、个性化的服务平台，缺乏更伟大、更令人振奋的构想，但是能有这样小小的创新的突破，仍是值得赞赏的。

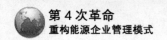
消费者并不知道要什么

亨利·福特有一句名言："当初我要问那些买车的人他们需要什么，他们肯定告诉我要一匹更快的马！"乔布斯像躲着瘟神一样避免采用焦点小组这种方式，科技分析师罗布·恩德勒写道，"现实的情况是，对于一件新产品，绝大多数消费者其实并不清楚他们最想要的是什么，这就是主要的原因。"

在很多夜总会，你会看到 DJ 们用 Mac 来播放音乐。也有人用 PC，但是从比例上说，Mac 笔记本电脑是 DJ 们的首选。有时，我们不禁要问 DJ 为什么用 Mac 时，他的回答令人深思，"这玩意儿不会死机，我可不想就因为电脑崩溃而丢掉这份工作。"他的梦想是成为一名成功的 DJ，而不是关注电脑本身，他是苹果的虔诚布道者，因为这家公司的产品帮助他美梦成真。

你的消费者并不真正在意你。这听起来很残酷，但事实的确如此。他们不在意你的公司是否成功，不在意你的产品或服务。他们在意的是他们自己、他们的梦想、他们的目标。如果你能帮助他们实现目标，他们会更在意你。要做到这一点，你必须了解他们的目标、需求和内心深处的渴望。

我曾在《管理新经》一书中提出：无法满足的消费需求的论断。指出以市场为导向，满足消费者的需求，是传统市场营销学的基本观念。可是，它没有告诉我们需求到底来自何处，又如何去满足；并且，现在的情况更加复杂了——新经济时代消费者连自己都会迷失的时代。我们往往无从明确地知晓消费需求，烦琐的市场调研不是定海神针。

尽管营销学提出：营销者并不创造需要，需要早就存在于营销活动出现以前，这从理论上是能说得过去的。但是在现实企业营销活动中，这会导致营销决策失误。企业在经营过程中，不去了解消费者的心智变化，仅仅从冷冰冰的数据中是无法找到消费者真正的需求的，消费者是因为某种感受，或通过比较，或获得某种体验而进行消费，消费是为了满足他们的幸福感。

在商业实践及研究中，我发现了更多这样的公司，它们并不是一味地追求简单地满足消费需求，它们敢于在未知的领域大胆探索，通过创新来创造需求。尽管它们也冒了极大的风险，但是却引领了时代，创造了更大的商业奇迹。我们不得不重新审视消费者，重新审视传统的需求理论，为企业在迷茫的市场中找到出路。

想象力也是生产力

"如果有一天，投入一块煤就可以生成电、燃料、清洁用水以及其他各种各样的物流，排放的气体甚至比吸入的气体更加清洁，这该有多么奇妙呀。"这是 GE 全球研究中心能源系统实验室经理 Mike Bowman 对自己所从事项目的介绍。这样充满科幻色彩的话语，难免会令人们幻想在 GE 的研究中心里，研究洗衣机的技术人员与穿着白大褂的科学疯子交错往来的图景。确实，很多创新有时的确来自疯狂的构想。

因为传统的思维只能带来传统的结局。约翰逊说："创新就像是一个神奇的十字路口，人们的想象与生活的现实在这里交汇碰撞。问题是，很多公司本身的想象力就不够，它们对现实的理解又告诫它们许多东西只能停留在想象中，根本实现不了。"如果苹果选择模仿跟随捷威的模式去开展零售业务，也不可能会创造出这么新鲜的零售体验。苹果靠得是用想象力去打天下。

但是，现在我们看到的零售店、银行网点，还有电力公司的营业厅大体

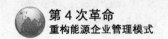

相同，缺乏生机，很少有人重新想象，打破行规，创造出更加独特的商业模式。因为他们习惯了对标……

今天是知识经济时代，更是创意经济时代，创意经济很多人都会理解为文化创意产业，其实今天的很多经济实体，都是创意出来的。比如说，我们现在几乎很多人每天都看电视、坐电梯，也没有发现什么，创意出来什么，但是，江南春却将电视和电梯组合在一起，创造了分众传媒，创造了巨大财富。还有，阿里巴巴、淘宝、腾讯等，都是创意产生的经济实体。

如果说培根的"知识就是力量"曾经使英国成为世界头号强国的思想武器的话，那么爱因斯坦的"想象力比知识更重要"这句话就必将是21世纪世界最强大国家的思想武器，它与拿破仑的"想象力统治世界"异曲同工。

爱因斯坦被评为影响新中国的60个外国人之一，他的事迹广为人知，他的一句话家喻户晓："想象力比知识更重要，因为知识是有限的，而想象力概括世界的一切，并且是知识进化的源泉，严格地说想象力是科学研究中的实在因素。"爱因斯坦本人就是实践这一句话的典范。他的广义相对论就是在头脑里做思想实验发现的，而后才被科学实验证实的。

创新不是生产时髦产品，而是超前一步的构想。富有想象力的思想才能带来高收益。

思想引领未来

众生相皆为虚妄，一切象皆由心生；整个世界都是从无到有，因此科学的管理就是无中生有。

IBM在发展过程中经历了很多变化，但是有一条始终不变，即老沃森确立的"THINK"理念，"思想"的力量一直影响着IBM。

儒雅、有风度、笑起来甚至有些腼腆……这是 IBM 公司董事长、总裁兼首席执行官彭明盛给人的第一印象。不过在温和的外表之下，彭明盛却充满了引领未来的智慧和野心。

2008 年正值全球金融危机之际，彭明盛提出了"智慧的地球"理念，并向美国总统奥巴马建言："与其激发原有经济活力，不如进行经济转型"，深获奥巴马的认可。现在"智慧的地球"早已走出美国，走向世界，IBM 在彭明盛的带领下，走向新一轮的转型之旅。

2011 年，距离"智慧的地球"理念提出已有三年，IBM 的转型效果已经可以初窥端倪。最新的数据显示，IBM 以 2080.7 亿美元的市值超越了微软的 2079.5 亿美元，成为全球第二大科技企业。而 2010 年年底 IBM 的市值只有 1823.3 亿美元，排在微软之后。更早前的 2008 年，IBM 的市值为 1734.001 亿美元。这三年来的稳步增长，彭明盛功不可没。

回首 IBM 的昨天，竟有恍如隔世之感。20 世纪 90 年代，IBM 遭遇成立以来的最大危机，连续多年亏损，股价跌至谷底，公司机构臃肿、人浮于事……就是在这样一个"烂摊子"之上，郭士纳（IBM 前任董事长兼总裁）重建了 IBM。终于让这头大象开始迈起了轻盈的舞步。惊心动魄的转型历程今天仍然被企业界人士津津乐道。

IBM 成功的秘诀是什么？答案可以有很多个，但是所有的答案必然都包含一点，即 IBM 超越了单纯的技术公司，其技术发展的背后是对行业、社会，甚至整个人类命运的思索。作为思想者的 IBM，往往能够从根本上抓住未来的方向，因此就不难理解，为什么 IBM 能够成为一家卓越的企业，而且在 2011 年 IBM 成立一百年之时，仍然充满活力。历史上，IBM 的数次重要创新，都展现出 IBM 高瞻远瞩的思想者形象。

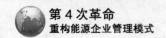
创新意味着克服阻力

我经常开玩笑说，千万不要把你的构想在得到大众认同后，才去实施。可是，很多管理者会在行动之前，希望征得大众的认可，我说如果大家都能看明白了，哪还有乔布斯的份儿。

稻盛和夫曾经说过："一项事业，10 个人当中有一两个人赞成就可以开始；有 5 个人赞成时已经迟了一步；如果有七八个赞成，那就太晚了。"

我们仔细研究一下，就会发现 GE 公司的"绿色创想"与 IBM 的"智慧的地球"如出一辙。其实，GE 公司的"绿色创想"就是对"绿色的地球"愿景的追求。

但是，"绿色创想"的诞生却是在反对声中诞生的，任何一个伟大的构想，在诞生时并不一定能获得多数人的理解和支持，在这个时候，靠的是领导人对未来的正确判断、坚定信念，以及果断的决策。

创新并非需要人人都能接受

在 2003 年前后，GE 公司启动了很多针对增加资源效率、加强水处理能力的技术投资，伊梅尔特说，这使 GE 开始萌生"绿色创想"的一些雏形计划。"GE 有很多很能干、有想法的人，我们也从客户那边得到了一些激励，这个想法就产生了，这一创想的前提是'绿色能够创造价值'，我们要向客户说明的是环保并不意味着你要做出一些牺牲。"

在 GE 绿色创想起步时，大多数人都认为发展成本很高，由于 GE 主要致力于用新技术提高产品效率，降低能耗，帮助企业降低成本、减少废气、废水排放。因此产品研发成本高，产出无法确定受到多数人的挑战。此外，众人还对此类产品是否受客户欢迎、是否需要特定的专业团队执行等方面提出了很多问题。

心存疑虑的不只有那些在文章里夹枪带棒的评论家，GE 内部对于"绿色创想"战略也看法不一。自 2001 年伊梅尔特上任后，GE 对待环保问题的态度逐渐发生了微妙的转变，但即使如此，2004 年伊梅尔特提出"绿色创想"的概念时，仍令高层们吃惊不小。更换节能灯泡削减能源成本是一码事，而通过生产绿色产品赚钱就是另外一码事了。

市场调研并非定海神针

伊梅尔特给高层们布置任务，成立研发、营销、公关等各个小组进行调研，对政府、专家、学者、客户等相关方面的看法进行摸底，摸底的结果并不乐观：丰田的混合动力车至今还在争取政府的补贴支持，通用公司的氢燃料车距离真正商用更是遥遥无期，这些大公司的前车之鉴都在警示绿色技术的商业风险。

研发投入如此巨大，能不能赢利？在业务不断增长的情况下，承诺减少排放总量的目标能不能实现？公关部门担忧承诺每年向公众披露相关信息是否可行，是否会再次挑起人们对于 GE 环保历史问题的争议，弄巧成拙？这些问号整整在 GE 内部讨论了一年时间。在重重阻力和疑虑当中，最坚定的支持声音来自伊梅尔特。他意识到，与 GE 一样，公司的很多客户也在承受同样的舆论压力，对未来环境进一步恶化忧心忡忡。

通过积极地投资海水淡化和过滤技术、清洁能源技术和高效率的发动机等"明天的技术"，满足未来的迫切需求。他认为变绿不仅是 GE 所必须承担的责任，同时也是必须抓住的商业机会。

在一项对 GE 自身的温室气体排放与利用 GE 产品帮助客户减少的温室气体排放的比较试验中，人们发现，仅风力涡轮发电机一款产品，其装机基

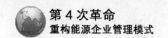

地所减少的温室气体排放就几乎相当于 GE 全球企业的温室气体排放总量。

伊梅尔特说服了 GE 公司上下，绿色创想计划讲述了一个如此熟悉的故事：GE 的命运将取决于它是否有能力创造新的技术，从而改变人们的工作和生活方式，创造一个更美好的未来——例如，经济增长完全可以脱离温室气体排放的增长。这不是伊梅尔特的理想，而是一项将在 2010 年帮助 GE 赚到 200 亿美金的大生意。

因此，当 2005 年 5 月 9 号，GE 公司 CEO 杰夫·伊梅尔特突然宣布推出一项名为"绿色创想"的新商业战略，以更环保的产品推动公司业绩和环境效益共同增长时，在最初的错愕过后，媒体开始忙着盘算通过它庞大的产品阵营减少排放的温室气体将是怎样一个天文数字。

一年后，GE 的"绿色创想"报告出炉，这份名为《迎接重大挑战》的报告显示：在过去一年里，GE 的"绿色创想"产品数量从 17 个增加到了 30 个，2005 年的收入达 101 亿美元，而 GE 的环保产品订单从 2004 年的 90 亿美元激增到 2005 年的 170 亿美元，增长了 93%，几乎翻番。

实践证明，GE 当初力排众议的决定相当明智，也从中得到一些宝贵的经验。比如，绿色创想不仅能帮助客户节约成本，还能与环境和谐共存，同时"绿色创想"亟待规模化、系统化。

GE 2004 年在美国推出"绿色创想"的时候，还是唯一推出这种战略的公司，这个开头很好。有一个好的想法总会有其他公司纷纷效法，比如我们的六西格玛，这对于我们来说是一件非常荣幸的事。

常言道：你能看多远就能走多远。当 GE 公司第一个推出"绿色创想"时，他找谁对标呢？

将梦想化为现实

将梦想变成市场，是 GE 创始者托马斯·爱迪生的拿手好戏，通过不断

"把美好的东西带给人类"，他成为了所在时代最成功的商人。

绿色创想战略是目前 GE 最成功的跨业务、跨行业战略之一。"绿色创想"的战略是基于 GE 的多元化技术优势，很少有公司像 GE 这样在能源、节能、照明设备、水处理还有可再生能源等各个方面都处于世界领先，在这一点上，GE 是一家独特的公司。

伊梅尔特也许是个理想主义者，但绝对是个很务实的理想主义者。这从他亲自宣读的"绿色创想"的四项目标中就能看出：用于研究清洁技术的经费从 2005 年的 7 亿美元增加到 2010 年的 15 亿美元，到 2010 年至少投入绿金 200 亿美元，减少公司运营中的温室气体排放，增加企业公民行为的透明度。投入多少，回报多少，何时实现——"绿色创想"确实是个毫不含糊的商业计划。正如伊梅尔特在很多场合不断重复的"green is green"，绿色技术必须展现自己的商业魅力。

要想让绿色创想成为成功的战略，第一步便要将模糊笼统的"绿色"，转变为可量化、易理解，便于进行管理和销售的"产品价值"。

俗话说，企业从不管理没办法测量的东西。因为如果不能量化成数字和指标，就没办法制定目标，进行监测，统计结果，管理者就无处着手。这条原理并不只对管理者有效，有时候顾客也有同样的需要，一款被称为绿色产品的东西到底有多"绿"？或是两款产品谁更"绿"？不是技术专家的人常常很难理解其中的奥妙。要想把绿色产品销售出去，GE 必须把产品具有的环境效益，变得像"发电多少千瓦"或是"发动机每分钟多少转"一样一目了然。

通过与一家名为 Green Order 的评估公司合作，GE 建立了一套针对绿色畅想产品的认证过程和评分标准。GE 的认证程序首先要求根据两项指标为"绿色创想"产品制定了明确的标准，这两条指标是：能提高客户的业绩或

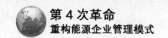

价值主张；能显著改善客户环境方面的表现，或者是那些能切实帮助实现以上改进的服务。

通过这套指标，企业内部便在对技术进行投资时，有了更具操作性的选择工具。风能发电通常被人们认为是典型的绿色技术，但是 1.5 兆瓦的风能发电设备却没有得到绿色创想的标签，因为按照评估，只有达到 3.5 兆瓦以上的风能设备，才能实现良好的经济效果和环保绩效，才能进入绿色创想的门槛。

根据这套标准，GE 通过比照竞争企业的产品、原有产品、法定标准和历史业绩等基准数据对每一种产品的环境属性加以分析，就能够对每一种产品的环境效益进行衡量，甚至得出一个评分表。无论是客户、投资人还是产品经理，想了解产品到底蕴涵多大的环保价值，一张表格便能表达得一清二楚。

通用电器公司的绿色产品有两个指标，一个是客户使用的时候有经济特性，第二个是产品跟整个行业产品相比，效能更高。这两个指标要同时达到，才是合格的绿色产品。这个不是通用自己说的，是利用第三方评估的。

创想突破

在伊梅尔特时代，对于 GE 来说，技术与创新变得比什么都重要。在 GE 的一次公司会议上，伊梅尔特发起了一场"创想突破"。"我需要改变游戏规则的人，"伊梅尔特说，"来场巨变吧。"他要求每个参会者在会后提交出 5 个业务增长创意，可以涉及 GE 从未涉足过的新领域，也可以通过利用现有资产开发新产品、新业务，但它们也必须能在三年内为公司带来至少 1 亿美元收入。他给了与会者两个月的时间。

在接下来的 6 周里，这种会议一共召开了 20 多次，人们一共想出了 354 个新点子，其中包括在飞机上安装一百万台微型发动机，或者在飞机飞行路线两侧建造隔音住宅等新鲜主意。最终，在伊梅尔特收到的总共 50 个"创想突破"中，有 35 个得到了批准。

"创想突破"为 GE 的纯研究领域注入了新鲜血液。随着创新需求的增加，这方面的预算被不断提高，并且做了全球投资布局，从 2000 年开始，在中国上海、印度班加罗尔、德国慕尼黑、巴西里约热内卢，GE 建立了研究中心。

但事实上，GE 虽然偶尔进行与绿色市场有关的并购，可并没有成立专门的绿色创想研发团队。不仅如此，GE 也没有独立的市场、营销或是生产部门，仅由一位全球副总裁罗琳带领手下一个小规模的团队负责整合资源推动绿色创想战略。

当业务发生转变时，旧业务与新业务之间的距离远近，往往是新业务能否成功的关键。与很多开拓绿色市场的公司不同，GE 并没有成立专门的部门负责绿色产品，然后设立种种保护性条款，呵护培育绿色业务的成长。GE 的做法是，从创意、研发、投资评估、生产直到销售，绿色的新产品必须跟其他所有产品一样，面对同样的重重关卡，凭借自身的竞争力争取面市的机会。

从客户的问题下手

杜绝好高骛远的绿色技术，确保绿色创想战略保持商业本质的最主要一环，就是让顾客和市场决定，什么是应该留在绿色创想里面的产品。

其实，绿色创想产品的很多创意，都来自客户直接表达的需求。GE 定期会邀请各个行业的客户高管，讨论未来面对的种种挑战和困惑。这些必须

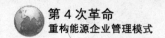

时刻对未来高瞻远瞩的企业高管，频繁提到环境问题带来的压力，这些都将成为 GE 提供绿色产品的灵感来源。

GE 推出的一款非常畅销的飞机发动机 GEnx，创意就来自航空公司老板的忧虑。除了燃油价格不断上涨，温室气体排放的限制也越来越严格，欧洲很多机场开始控制飞机的排放量，超出额度将要收取排放费。航空公司提出需要更加环保和省油的飞机发动机，并愿意为此支付稍高的价格。

GEnx 喷气式发动机采用新的双环形预混燃烧室技术，减少了 15% 的油耗，氮氧化物的排放也减少了 57%，排放值比将于 2008 年出台的喷气发动机国际排放新标准还低约 50%。

GE 对销售部门也不设定绿色创想产品的销售指标，因此要获得销售部门的鼎力推荐，GEnx 必须跟所有传统产品同台竞争，由客户用钱包投票。虽然这款发动机的价格更贵，但是仅节省燃油一项，便已绰绰有余，航空公司可以在体现社会责任的同时，商业利益上也很合算。目前，这款发动机预计的销售已经达到 120 亿美元。

虽然仅仅三年时间，但是绿色创想的产品已经实现了三倍于公司平均增长速度的快速增长。2007 年 5 月，GE 宣布 2006 年来自节能、环保的产品和服务的收入已经突破了 120 亿美元，比 2005 年的收入承诺已经提前一步。得到"绿色创想"认证的产品也达到了 30 种，分布于可再生能源、运输、水处理等关键领域，它的海水淡化平台每天可处理 1.5 亿人每天所需各种用途的水，风力涡轮机每年提供的电力相当于 1200 万个中国家庭的年耗电量。

江森自控的发现

1994 年 11 月，在密歇根州普利茅斯的一个封闭实验室中，技师们将一对真人大小的假人捆绑在一个车厢模型中，车厢放置在一个强大的超重力加速板上。当震耳欲聋的警报声在室内响起时，技师们退到一堵安全墙后。控制室按钮一被触动，加速板就向前冲去，使模型撞在一堵实体墙上。

在强烈的撞击之下，车厢解体了，人体模型飞出，整个实验室充满了喷射而出的扭曲的金属、塑料和玻璃。技师们很快聚在残骸周围，评估损害程度，并寻找可以用于改进座椅、安全带、配线、安全气袋和内部系统设计的线索。

你一定已经在广告中见过这类冲击测试的镜头。这些广告常常是那些急于宣传他们车辆安全性能的汽车制造商做的。但前面这个测试却是在江森自控的超重力测试设施中进行的，而这在座椅供应商中是很少见的。"我们是第一家这样做的公司，这有助于增加我们在客户心中，在座椅系统领域的可信度。"托尼·克斯汀江森自控的业务开发主管如是说。

江森自控也调查驾驶人和乘客想要什么样的座椅，然后完善座椅特征。例如，在20世纪90年代早期，研究者们发现美国出现了一种有趣的现象。有小孩的父母把电视机或录像机挂在他们的汽车或小型货车的后座上方，使小孩在漫长的旅途中有事可做。对社会学家来说，这代表着一种有趣的文化现象；对江森自控来说，这意味着一个新的产品市场。

公司抓住这个机会，设计了嵌入式电视和录像机托架。这帮助他们的产品从众多制造商中脱颖而出——而且汽车购买者们非常喜欢这个部件。江森自控每年售出上百万个这种产品。

创新需要正确理念的引导

很多公司都会在公司的发展战略报告中，特别强调创新的重要性，但是事实上却少有创新发明，一方面这些公司缺少有效的创新机制，更为重要的是缺乏正确的创新理念的指引。

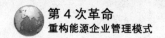
"发明创造是推动西门子发展的基石，是西门子保持活力的秘诀"。1847年，维尔纳·冯·西门子在创立西门子时便赋予了其勇于探索的创新精神。160多年过去了，秉承创新精神，这个百年老店始终充满了活力，在人类科技发展史上留下了光荣的印记：发明了世界上第一台指针式电报机；第一辆电力驱动的汽车和火车……

西门子的实践再次向世人昭示：创新是企业的生命，唯有创新才能使企业永葆青春。

站在新的历史节点上，西门子继续以推动人类社会发展为己任，将企业的发展与全球未来趋势紧密结合。面对城市化、老龄化、全球化及温室效应，它着力于为这些问题提供可持续发展的解决方案。据了解，西门子（全球）与节能、绿色、环保相关的业务组合，约占西门子总营业收入的1/3。

西门子公司把观念的创新作为创新组织管理的基础。观念是实践的先导，有全新的观念，才会有全新的实践、全新的发展。企业要有创新实践必须首先创新观念。纵观西门子公司的发展历程，其最显著的特点，就是观念创新带来的理念与意识的超前。

维尔纳·冯·西门子提出"有益于人类社会"的创新理念，他说："我所选择的研究总是以大众的利益为前提。"人类社会在不断地发展，企业要"有益于人类社会"，就必须在观念上紧紧追随发展的社会。

在世界进入新经济时代，西门子公司在企业经营理念上强调"以市场为导向，以满足人类需要，保护、改善环境和开发全球一流技术为追求目标"，形成了适应时代发展要求的创新理念。以满足用户需求的市场观念进行技术创新，因而实现了创造良好经济效益的目标。西门子公司的经营理念是："我从事发明创造，首先是考虑这些产品是否有益于社会，我选择的创新技术总是以用户利益为前提，但最后总是有益于我自己。"

西门子公司成为"长寿企业"的奥秘就在于此。创新管理的主要任务是对创新过程的管理。创新过程是指从创新构思产生到创新实现，直至创新产品投放市场后改进创新的一系列活动及其逻辑关系。

创新过程是最复杂的商业过程和组织过程，涉及营销、设计、研发、制造、管理、金融、商业战略等活动。技术和产品的创新是整个创新工作的核心，观念的创新是技术和产品创新的基础，体制和机制的创新是技术和产品创新的保证。西门子公司认识到："在高技术不断发展的年代，一切都将很快成为过去，只有把握未来，才有希望。"

为确保在新技术产业中牢牢占据主动地位，西门子公司把人工智能、核聚变、空间技术、超高速列车、太阳能利用、光通信技术等课题作为科研攻关重点，力争尽快取得新的突破。企业的技术创新，分为原始创新、引进创新和模仿创新等多种形式。

技术创新坚持"面向客户，客户至上"是西门子公司的一贯原则。要完美实现人类梦想，发明创造已融入西门子的血液。目前西门子公司在全球共有4.8万名专业人员从事研究开发，每年的科研经费开支占公司经营总额的10%以上，约占德国电气工业全部科研经费的1/3。从而保证了在新科技领域的领先地位。

2009年，西门子共收到7700件发明报告，提交了4160件首次专利申请，其中有39%来自工业领域，25%属于医疗领域，16%为能源领域。2009年，在德国企业专利申请排名中西门子位列第三名。

失败是成功之母

尽管这句俗话无人不知，但在企业创新实践中却难以贯彻，结果只能让

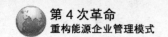
创新成为一个空洞的口号。因为，他们缺乏"鼓励失败"的机制，大家看到这，可能会笑，没听说过"鼓励失败"，都是"鼓励成功"。当然，我们不需要陷入到文字游戏中，我们看看伟大的企业是如何创新的。

在 3M 公司，失败者也会受到鼓励，所谓"有志者事竟成"。莱尔董事长经常用过去的实例勉励员工，不要怕失败，即使失败也切勿气馁，应当发挥企业家奋斗的精神。他说："在 3M 公司，你有坚持到底的自由，也就是意味着你有不怕犯错、不畏失败的自由。"

在 3M 公司的价值观里，几乎任何新产品构想都是可接受的。"要鼓励实验性的涂鸦，如果你在四周竖起围墙，那你得到的只能是羊；为了发现王子，你必须和无数只青蛙接吻。"这是 3M 前任 CEO 麦克奈特经常对公司管理层说的，至今这一理念都得到了很好的传承。而结果是，与青蛙接吻后，3M 得到的王子可远远不止一个。

接吻青蛙经常意味着失败，但 3M 公司把失败和走进死胡同作为创新工作的一部分。其哲学是如果你不想犯错误，那么什么也别干。

研究开发是高风险的创造性活动，因此，研究开发是应该允许失败的。但是，允许失败并不是放任自由地、不负责任、无目标的行为，而是激发工程师们的挑战精神和战胜各种困难的勇气，及不被一两次失败吓倒，而是冷静地分析失败的原因，从而实现成功，奖励失败正是为奖励成功而铺路的。

对研究开发的成功，实行奖励与特别奖励已是普遍的事情。但对于研究的失败，却有着较大的差别。在一些企业，对于失败的项目，不但没有认真地总结失败的原因，而是采取了对项目全盘否定的做法。虽然很多公司也都明白研究开发是允许失败的，但常常不能正确地对待失败。

3M 公司允许工程师们工作时间的 15% 在实验室中进行自己感兴趣的研究开发。努力创造轻松自由的研究开发环境。如果你的创造性构思失败了，那也没关系，你不会因此而遭到冷嘲热讽；照常可以从事原来的工作。

公司依然会支持你的新构思的试验。在日本的一些企业，有失败者复活制和失败大奖的表彰制度。旨在给予失败者的挑战精神的激励和从失败中寻找成功的因素，把失败真正作为成功之母，从而最终获得成功。

美国3M公司年年被《幸福》杂志评为"最受企业界钦佩的企业"。3M公司可以说是够资格称为"巨型企业"。3M迄今已发明5万种新产品，几乎平均每年推出100种以上的产品，拥有40个产品部门，而且每年都会有新的产品部门成立。

3M所从事的行业很多，其中以胶带及其相关产品为最大，占其总营业额的70%；其他营业项目包括印刷系统、研磨、黏胶、建筑材料、化学制品、保护产品、摄影产品、印刷产品、录音器材、电子产品、保健品等。但尽管如此多元化，3M公司还经营一些化工产品，并以发展喷漆与砌合工业技术为重心，但这并不表示他们只会开发普通且毫无特色的产品。

《财富》杂志指出，3M公司过去几年推出的新产品包括：一种游泳时不会脱落的防晒乳液，一种加速外科医生缝合伤口的特殊缝合器，还有一种不需加入昂贵的银元素的特制胶印软片，以及一种可以抑制杂草生长的药剂。那么，3M公司这样的多元化企业成功的秘笈是什么呢？它所拥有的强大的运营机制——系统化的组织流程和激励机制，积极协助客户减少整体运营成本，并与经销商和终端用户建立更有效的界面。

在公司任职39年的现任总裁德西莫内透露了其重要法宝——公司经营管理十大法则：

1. 建立一种合作文化。3M公司鼓励每一名员工去吸收他人成果，为己所用。这一点在科研以及开发新产品时尤为重要。有时某项目上新出现的难题恰恰是公司里搞另一个项目的人早已解决了的，这种情况就需要员工的相

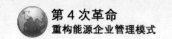
互合作，这样节省了时间，降低了成本。

2. 测算企业成果。各分公司时刻跟踪并测算一系列反映经营成果的数据：经营额、利润、库存、市场占有率……尤其是新产品开发。一旦新产品开发出现问题，必须立即找出解决办法。这就是我们常说的"结果反馈"。

3. 充分发挥个人创造性。3M公司以其技术人员在工作时间安排上有较大的自主权而著称。公司甚至鼓励技术人员拿出30%的工作时间来研究个人的计划。大多数企业往往限制员工在工作时间考虑自己的事，这使员工总有一种压抑感，在工作中时时刻刻绷紧每一根神经，有碍员工创造性的发挥。

4. 以自身的优势保住顾客。有前途的产品是那些人们需要而又没有意识到的产品。销售商应经常同企业技术部门和消费者保持联系，以便针对商品的不足提出意见并拿出解决办法。

5. 庆祝成功不犹豫。人并不是一心只想着奖金或加薪的。3M公司经常表彰那些最有创造力的员工。公司每年都举行隆重的仪式，将其中最突出的三四个人吸收到公司正规的"科学院"里来，全体同行到场为他们喝彩。

6. 能够说"不"。能够倾听各方面的建议，不管这些建议是谁所提，也不管这些建议是否微不足道。因为好的建议往往是受了那些微不足道的建议启发才得以产生的。但也必须能说"不"，而且说得越快越好，越干脆越好，这样可以避免计划的重复。

7. 保持人员稳定。对一家企业而言，人员调动过于频繁将会带来一系列矛盾。在3M公司，大部分领导人员在位已有25年，他们不仅精通公司的工作方法，而且有了一种公司的精神。

8. 任命最佳的驻外管理人员。与总公司不同，海外企业的管理岗位有更大的自主权，同时对个人的综合管理能力要求也更高。另外，这也是丰富人生经历、了解其他文化和消费方式的一种好机会。

9. 稳定增加科研与开发经费。3M 公司历来都坚持这一点，即使是在最困难的年代。因为一旦碰到好的想法，而又不及时行动，那就会错失良机。

10. 保持企业自身的特性。不要完全听那些银行家、交易商或金融学家的话，不要被理论所左右。更重要的是支持那些已经使企业获得成功的法则或原则。

保护新产品的斗士

3M 公司极力培养员工一个重要的概念，即：忠诚、奉献的精神是产品开发成功的必要条件。《财富》杂志对于这种观念曾经评论如下："最令 3M 公司感到欣慰的是，公司每个人在开发新产品时，不管是把别人没有信心的产品成功地推向市场，还是想方设法大量生产以降低成本，都能把产品当做自己的事业来处理，而且上司多半都放手让他们这样做。"

3M 非常重视创新斗士的支援系统中类似保护者或是缓冲器的作用。其中一个保护者一定是"执行主管"。由于公司的创新传统由来已久，主管本身必然经历过发明新产品的斗士过程，如作风怪异、不按牌理出牌、遭受封杀、热衷于某项发明工作，也许还在那儿对着自己心爱的发明，熬了十几年以上。但是如今，身为主管，坐镇在那儿，负责保护年轻一辈的斗士，使他们免于公司职员的贸然干扰，适时把这些干扰者赶出斗士的避难所。

在 3M，主管为了保证年轻的创新斗士，往往会来上一段冗长而令人生厌的大道理，把那些干扰者数落一顿。"船长在那儿穷饶舌，不到舌头流血是不会罢休的。"这是海军用来形容年轻军官第一次引航指挥大船进入港口的情形，但是在 3M，则是用来形容主管把开发新产品的重要任务，交给年轻一辈的苦口婆心的过程。

在 3M，"斗士主管"亦非是"顶头上司"，而是雇来利用他的耐心与技

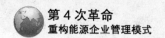
术，负责培养新生代的创新斗士。"创新产品小组"，是 3M 支援系统的基本单位。这种专门小组具有三项重要特征：由各种专门人才全力共同参与，任务无限期；全是自愿者；具有相当的自主权。

有投入才会有回报

在 3M 公司如果新产品构思得到公司的支持，就将相应地建立一个新产品开发试验组，一个创新小组的成员至少要包括技术人员、生产制造人员、行销人员、业务人员，甚至到财务人员，而且全部是专职的。每组由执行冠军领导，他负责训练试验组，并且保护试验组免受官僚主义的干涉。

3M 公司心里也明白，在这种制度下，有些成员也许不能立刻派上用场，或会造成人才浪费的现象，例如在发展初期，大概只需用三分之一的生产制造人员。但是 3M 公司似乎愿意付出这种代价，好让工作人员专心一致、埋头于工作。他们的论调是，只有指派专职工作，才能促使员工全力以赴，专注于一项任务之上。

3M 公司不仅鼓励工程师也鼓励每个人成为产品冠军。公司鼓励每个人关心市场需求动态，成为关心新产品构思的人，让他们做一些家庭作业，以发现开发新产品的信息与知识，公司开发的新产品销售市场在哪里以及可能的销售与利益状况等。

如果一旦研制出式样健全的产品，试验组就一直工作下去，直到将产品成功地推向市场。有些开发组经过 3~4 次的努力，才使一个新产品构思最终获得成功，而在有些情况下，却十分顺利。3M 公司知道千万个新产品构思可能只能成功一两个。

激励机制是重要的力量

3M 公司的奖励制度，不论是对整个小组或个人，都有鼓励作用。当他们的产品发展计划，越过重重障碍有所成就的时候，小组里每位成员，都会因此获得晋升。小组兴旺，创新斗士自然获益匪浅。

那么，在3M公司，一个成功的创新小组的工作人员，他的事业前途如何呢？研究3M公司有20年之久的麻省理工学院的爱德华·罗伯茨作了如下描述："在3M公司，一个人只要参与新产品创新事业的开发工作，他在公司里的职称与工资等级，自然就会随着他们产品的营业业绩而改变。譬如说，他也许一开始只是个生产第一线工程师，领取这一职级最高或最低的薪水。一旦他的产品打入市场后，就可提升为'产品工程师'。当产品每年的销售总额达到100万美元时，就是'具有充分资格'的产品，而这时他的职称与薪资等级都有了重大的改变。等到该产品销售额突破500万美元大关的时候，他就可以做到整个产品系列的'工程技术经理'了。假如该项产品再进一步破了2000万美元大关，就可升格为一个独立的产品部门，他若是开发该产品的主要技术人员，这时就自然成为该部门的'工程经理'或是'研究发展主任'了。"

假如你想要深入了解3M公司如何激发公司内部的企业活力，最好对整个公司"价值观"有所了解，尤其是它的"第11诫：切勿随便扼杀任何新的构想"。公司有时或许会拖拖拉拉，不够积极，或是不肯准予成立一个创新小组，但它绝不会扼杀新构想的创建者。

创新斗士的发明一旦成功，立刻就会受到3M公司英雄式的热烈款待。现任董事长莱尔自豪地指出："每年都会有15到20个以上行情看好的新产品，突破百万元销售大关。你也许会以为这在3M公司不会受到什么注意，那你就错了。这时镁光灯、鸣钟、摄像机全都出笼热烈表扬这支企业先锋队的成就。"就是在这样的鼓励下，3M公司年轻的工程师勇敢地带着新构想，跨出象牙塔，到处冒险。

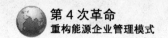
在 3M 公司的价值观里，几乎任何新产品构想，都是可接受的。尽管该公司是以喷漆与砌合工业为主的，但它并不排斥其他类别的新产品。罗伯茨经过观察后说："只要产品构想合乎该公司财务上的衡量标准，如销售增长、利润等，不管它是否属于该公司从事的主要产业范围内，3M 公司都乐于接受。"

不可否认，创新斗士、执行斗士以及创新小组是整个创新过程的重心。然而，他们之所以成功，主要还是因为：有更多的英雄从旁支援，有价值系统的支持，有容忍失败的气度，采取渗透特殊市场的策略，有密切的顾客关系，采取由小而大的开发研究方式，有频繁而不拘形式的沟通，设备齐全完善的实验场所，富有弹性的公司人事组织，没有过多的纸上作业与繁文缛节，存在有激烈的内部竞争等加起来起码有一打多的因素，经过多年来一起共同发挥作用，才使得 3M 公司这种创新产品的策略，能有今日如此杰出的表现。

通过以上的 3M 公司的经营理念，我们看到尽管 3M 公司的产品分门别类，跨越了无数的行业，但是，这些结满丰硕果实的大树，却有一个牢固的创新的根基在支撑着。

管理是关于变革的学问

韦尔奇对新时代的管理内涵有了鲜明、深刻的理解。他说："管理应该是如何对变化做出反应，如何随变革的需要而发展。管理应该是关于适应性的，而不是关于精确性的学问。"换句话说，管理是关于变化、变革的学问。

GE 的每一位继任者都会突破前任的做法，而每位领导人的责任之一就是挑选出那个能正确变革的继承人。

GE 的首任总裁查尔斯·科芬通过建立强有力的集权体系，有效完成了通用电气早年合并留下的整合难题；拉尔夫·科迪纳尔在公司规模迅速膨胀时开始了分权经营的努力；杰克·韦尔奇发明的群策群力，是大企业反官僚主义最有效的药方；杰夫·伊梅尔特的增长流程六要素的理论让 GE 源源不断地推出新产品，获得好的利润……

通用电气的每一位继任者都会突破前任的做法，而每位领导人的责任之一就是挑选出那个能正确变革的继承人。正是依靠这种主动的新陈代谢，通用电气并未像其他公司一样困守于不合时宜的管理结构、企业文化和产品线，也避免了多数公司被时代淘汰的命运。

伊梅尔特上任后，商业的环境发生了巨大的变化，在接受国外媒体采访时，伊梅尔特曾经这样描述过目前的商业环境：与 25 年前不同，现在的油价稳定在高位，大多数增长都来自于发展中国家，世界处于和平时期，市场将变得更加全球化，动力更多来自于创新。

我们所了解的 20 世纪 90 年代晚期的世界——一个全球增长、政治稳定和企业诚信的世界——已经发生了变化。美国经济在 2000 年年末开始放缓，并在 2001 年陷入衰退。紧跟着，欧洲和日本的经济也开始下滑。同时，人口结构、资源和环境问题都在成为影响商业的重要变量，而随着安然丑闻和随后的金融危机，社会环境也将变成“一个对企业施加更多管制、更多法规、更多嘲讽的世界”。

摆在伊梅尔特面前的挑战是巨大的：在这样的环境下，如何领导一个规模庞大的公司继续保持增长？尤其是，他的前任是伟大的“杰克·韦尔奇”——在韦尔奇的 20 年任期里，通用电气从一个生产工业设备和家用电器的制造公司，成功转型为一家工业和金融服务公司，公司市值从 130 亿美元增长到超过 4000 亿美元。

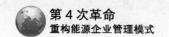
在这 20 年里，美国和世界经济都处于快速发展的上升通道，信贷宽松，因此 GE 的业务重点更多地放在了并购、金融。那么，在新的环境下，通用电气应该选择什么样的发展道路呢？同时，这个战略又必须具备一家伟大公司所要面对的长期经营的准则。

伊梅尔特找到的答案是：利用 GE 强大的研发和技术基础来开发新市场，完成他所提出的"有机增长"的概念，即在不依赖并购的情况下增加产量和销售。他的逻辑就是，发展中国家对于电力、水利、能源和交通等基础设施建设的需求，将会是巨大的市场；而在发达国家中，那些尚未得到充分开发的市场也蕴涵着巨大的机会——例如医疗保健、能源节约和环保产品等。

GE 的"绿色创想"战略之所以如此出人意料，是因为"全球最大的能源设备巨头"的称号过去带给它的并不只是荣耀。它的产品广泛使用在能源、电力、水资源、运输等基础行业中，在人们享受电力和发动机带来的便利的同时，也为其产生的温室气体感到不安。电力公司、航空公司等主要客户承受着提高能源利用率和减少排放的巨大压力，这些巨大压力也间接传递到 GE 的身上。

变革向何方

无论是苹果体验店、智慧的地球、绿色创想、科技改变生活，无不体现了伟大企业领导人的高瞻远瞩以及放眼世界的视野和胸襟，他们能更好地把握世界的变化，消费者需求的变化，不断地为社会和人类实现美好生活的憧憬。

他们对事业充满激情与想象力，他们胸怀天下，敢于挑战传统的思维，敢于打破旧规则，重构新模式，通过全新的思想引领行业的革命，让企业在新的商业环境中，焕发出新的活力，从而占据了行业的制高点。而一些企业，只能望洋兴叹，一路紧追，最后落得个邯郸学步。

互联网的出现，传统能源的危机以及全球环境的不断恶化，导致了智能电网和新能源时代的到来，其目的都是人类对美好生活追求的原动力导致的。这就会导致能源企业的盈利方式发生变化，财富将从黑色变成绿色，绿色经济、健康经济所蕴藏的财富，正等待着富有战略眼光的企业家去开采。

处于领先地位的绿色公司都率先实现了商业思维范式的转变。它们不再简单地把创造利润作为唯一目标，而是通过为客户解决环境和社会问题的方式来获得共享价值。它们普遍认识到：绿色变革不是外部强加的，也不是远离企业核心业务的。

能源企业正面临着一次前所未有的变革，而背后的动因就是财富的转移导致的，所以，我们的企业不能仅仅跟着跑，这样早晚都会掉队的，因为，你只知道他们向那里跑，却不知道他们为什么向那里跑。

今天我们的很多能源企业都在谈变革管理，变革管理为什么？只有找到了变革的根本动因，我们才知道向哪儿变革？怎么变革？否则，就是越变越乱。变革、变革，首先不是组织的变革，而是观念的变革。没有观念的转变，哪有行为的转变！

第七章　集约化向何方

伴随着企业的规模不断扩大，国际化的征程以及短期效益的压力，很多企业陷入了国际化、多元化的泥潭不能自拔。集团化公司的管控，成了重要的课题。通过集团化企业的研究，希望能为多元化企业的集约化找到管控的逻辑，从而实现企业资源的有机整合，提升多元组织的协同效应，更好地创新竞争优势。

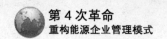

数日前，忽然接到一个杂志社好友的电话，让我对"武钢养猪"的现象写一个评论，我听到这个消息大吃一惊，有些不敢相信自己的耳朵，什么"武钢养猪"，开玩笑，不会吧！

后来在百度上搜索，才知道已闹得沸沸扬扬，不乏支持者，更不乏问罪者。"养猪是媒体的偏颇解读。养猪只不过是集团很小的一部分业务。"武钢新闻发言人在接受《证券日报》记者采访时表示。是的，这只不过是媒体倾向于将这作为新闻噱头而已。但是，这却是事实，所谓："窥一斑而知全豹"，这一现象正说明了武钢这个庞然大物在困境中的迷失。这一榜样的战略导向，更有可能导致钢铁行业群体性的迷失。

有很多人拿新日铁的非钢事业说事，但是，新日铁的非钢事业是从核心出发的有机转型。20 世纪 80 年代，在钢铁行业的边际利润逐渐下降的时候，新日铁开始向以知识为基础的服务模式进行转型，将资产经营和流程方面的专业知识出售给世界各地的钢铁生产商，比如向拉丁美洲、韩国、中国和其他一些新兴的钢铁企业出售工厂布局设计，同时，还开始承接日本新机场建设等工程服务。非钢事业后来成为新日铁新利润的重要来源之一。从钢铁制造商向解决方案供应商的转型，让新日铁通过重构商业模式，获得了持续的利润增长。

1985 年，一项影响深远的事件改变了钢铁业结构。当时，日元对美元汇率从 240 升到 150，日本经济下滑、内需减少，钢铁价格也直线下降。"当年公司赤字 1000 亿日元，产能从 3400 万吨调整到 1000 万吨。"作为日本最大钢铁公司掌门人，三村明夫现在还对当时的情形记忆犹新。

而此次危机又让他体会到转型的重要性。三村明夫说："但是，企业转型要有中枢轴，产品品质和实力这条中枢轴不能变。"要提高设备投入和技术研发，并进行人员配置合理化。新日铁将组建一个新的管理组织来促进 6 个事业部（钢铁、工程建设、城市发展、化工、新材料和系统集成）协同发展，提升集团整体价值。

同时，新日铁加大技术投入，例如，新日铁在汽车板的研发方面，特别是对高档汽车面板这个"高科技产品"的研发，目前，已成为行业技术的领导者。近些年，新日铁每年 R&D 的投资比例都是较高的，其中 2008 财年就达到 4 亿美元左右，占销售收入的 1.7%。新日铁已具有的完善的研发机构，将基础研究和应用研究、工厂工程等作为一个整体来推进研发工作。这种方式强化了日本全国研究工程中心和钢厂研发实验室间的协同能力，大大提高了研发效率。

此外，新日铁还重视与其他钢铁企业或下游用钢企业等进行技术开发合作。如 2006 年，新日铁与三菱重工成功合作开发出了用在大型船只的高应力厚板。2007 年，又与米塔尔合作于 2011 年前在欧洲和亚洲市场互相提高汽车钢板技术。此外，考虑到能源及原材料价格上涨等不利因素，新日铁非常重视废物回收技术的开发，同时还重视环境保护。

新日铁的"非钢"与武钢的"非钢"事业有着本质的区别，新日铁的延伸，是从核心出发，发挥自身的优势。武钢多元化，是无奈时期的决策，是浮躁，还是明智，我们暂不做过多的评论。但是，是养猪，还是炼钢，这

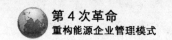

是一个基本的问题。任何一个伟大的企业都有明确的使命，从优秀到卓越都要经历艰难的考验。面对艰难的时局，不同的选择，将带来不同的结局。

武钢这样的举措，要付出巨大的机会成本，带来的并不是钢铁企业在危机时代寻求突围的思路，而是对钢铁产业从业人员信心的影响，甚至对中国制造业在低迷时期的变革的影响。

多元化就像一块烫嘴的热山芋，吃好了能迅速壮大，吃不好反而害了身家性命。那么到底该不该多元化，什么情况下可以多元化，尤其是怎样多元化的问题一直困扰着企业的管理者们——多元化，是天堂之路，还是地狱之门？

可是 GE、ABB 这样的跨国公司在多元化方面却取得了巨大的成功，通过深入细致的探索研究，就会发现其多元化背后的一元化机制，在《易经》里也称之为多之一元化。

GE 通过绿色实现集约化

如果你现在恰好置身于一架波音飞机，那么抬头就可以看到座椅上方的 GE 品牌广告已经从奥运运动员变成了一个被放在杯子里长出绿芽的地球，这就是表明了巨人转身变绿色。

在 2004 年的 GE 战略规划会议上，伊梅尔特发现了一个贯穿公司 5 个不同业务部门的共同主题：废气排放、能源效率以及水资源供应等，他把这一主题所涉及的内容笼统地称为稀缺经济学。他们发现能源使用能效、保护环境、水资源的短缺等，是所有公司面临的难题，而这些挑战只有通过技术革新才能应对。

这使伊梅尔特茅塞顿开："世界需要更有效的燃料，更安全的绿色能源，更洁净的水，能够满足这些产业变化的公司一定可以增长得更快。而只有通用电气这种巨型公司有这样的全球化程度与科技深度，来满足我们客户，应对环境挑战的需要。"

在很长一段时间里，由于业务横跨基础设施、工业、医疗、商务融资、消费者金融和传媒等多重领域，GE被看做是一只"业务极其复杂的怪兽"。要赢得更多的项目，GE需要对外传递出一个清晰的"绿色"形象。

"绿色创想"作为GE的战略核心，为了更好地整合GE所拥有的"绿色创想"资源，整体协调"绿色创想"所涉及的各个环节，有效地和各个业务部门沟通协调"绿色创想"的推进和实施，从而更好地满足客户的需要。

伊梅尔特任命GE全球副总裁之一的罗琳女士担任计划的负责人，与另外两名同事组成三人小组，负责"绿色创想"的整体协调，通过组织的重构，实现各个GE的业务部门紧紧围绕着"绿色创想"的战略核心，协同运作，创新客户价值。

在这个战略指导下，GE随后展开了一系列长期变革。作为一家多元化经营的公司，及时调整公司的业务结构是十分必要的。基于石油价格升高的成本考虑，以及经济波动性加剧增加的经营风险，伊梅尔特坚决卖掉了GE曾经极其重要的塑料业务。

这显然不是容易做出的决定，塑料业务一度是GE最重要的摇钱树，伊梅尔特在GE的职业生涯也起步于此，甚至他和他的妻子也是在这个部门认识的。

GE以116亿美元这样一个好价钱卖给了沙特阿拉伯基础工业公司，该公司在石油领域有很强的能力。GE还计划拍卖旗下电器业务。如果交易完成，GE将告别有着100多年历史的电器业务，估计这项业务价值72亿美元。作为2008全球最佳CEO之一，伊梅尔特已经让GE焕然一新，卖出塑

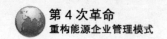
料、保险和其他低增长业务，同时买入高增长企业，让这个巨头实现持续增长。

在出售有关的业务之后，GE 开始对业务进行重整，GE 旗下有不同的事业部门负责不同的行业，例如铁路、水资源、能源等，通过"绿色创想"这个项目，一方面可以把不同的技术聚集在一起，从而让我们有更大的能量解决问题，同时也让更多人了解到 GE 的全面业务。

绿色创想和健康创想这样的活动，更确切地说应该是 GE 的业务战略，同时也是创新的平台。因此，并不仅仅只是公司在宣传或者营销层面的沟通。这样的一些平台，把 GE 内部不同的事业部门联系在一起，利用我们的专长、技能去解决人类面临的很多重大问题。总之，他们希望能集 GE 内部各不同事业部门力气之大成，把最好的技术集合在一起，从而产生最大的效益。

GE 的转型是通过绿色创想整合各个业务部门，更好地为顾客提供绿色解决方案，创新顾客价值。绿色创想成为企业的战略核心，有了这样的清晰的定位，企业在战略上才能够有效地取舍，卖掉不相关的业务，将现有的业务及收购的业务，向这一核心进行集成，这样才能让整个庞大的组织统一协调地运作。

没有国界的 ABB

21 世纪初，过度并购成为导致 ABB 深陷债务困境的主要病因之一。前任 ABB 集团 CEO 巴列维在任期间共进行了 150 多起收购，业务遍及 100 多个国家，共运营着 1000 多家公司，最多时员工总数达 21.5 万名，截至 2001 年年底，员工数量仍有 16 万人。

ABB 集团的经营范围涉及发电、电力传输和配电、建筑技术、自动化控制系统、油气、化工技术、金融服务、IT 等，还争取过 3G 手机牌照，但由于某些非经济的因素，不得不作罢。同时，最高决策层接着犯的错误就开始将 ABB 推向深渊。2000 年，ABB 股票价格处在高峰的时候，董事会决定了一项股票回购计划。当时动用了大量的资金在市场上回收 ABB 的股票。但之后，由于全球经济低迷，加上"9·11"事件的冲击，ABB 股票价格不断下滑，使 ABB 账面资产大幅缩水，出现严重亏损。到 2001 年年底，ABB 集团亏损已达 6.91 亿美元。

巨人病了，而且病得不轻。这位曾几何时的电气巨人，已经病到了不能自己造血，需要股东再次大量输血的地步。

财务表现上，算上 2003 年第三季度的财务报表，已经是 ABB 的连续 5 个季度亏损了，而且，在 2002 年度开始亏损以前，在 2001 年 ABB 也发生亏损 15 亿美元。据报道，ABB 计划把债务从 82 亿美元水平削减一半左右至 40 亿美元，净资产已经缩水至不足 10 亿美元。

变革的第一步就是回归核心

年近 62 岁的杜曼于 2001 年 11 月 21 日出任 ABB 董事长，在非常时期力挽狂澜，剥离非核心业务，确定电力和自动化技术两大核心业务。在经验丰富的杜曼带领下，ABB 这位身患重病却体质良好的巨人走出了困境。ABB 的出色表现得到了全球用户和投资者的重新青睐，2004 年业绩大幅改善，2005 年实现净利润 7.35 亿美元，2006 年实现净利润 13.9 亿美元，资本市场上的价值在 2005 和 2006 两年内上升了两倍多。

从 2001 年开始，ABB 针对过度并购，已经为自己制订了"瘦身计划"，原有的众多业务部门被合并成四个。同时，集团实施了裁员 1.2 万人的计

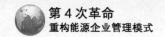

划，希望通过这些措施每年节约成本 5 亿美元。2002 年，ABB 相继出售非核心业务，只保留了电力及自动化两大业务领域。而在电力行业，ABB 根据当时的市场竞争态势及自身实力，进一步缩减了发电业务，而将主要精力集中在输配电，致力于将自己定位于全球输配电设备的顶级制造商。

"当然，出售非核心业务只是我们摆脱困境的方法之一，同时，我们还说服股东注入新资产，并发行债券融资。更重要的是，公司在电力及自动化方面的运营大为改观。"金乐认为，这种改观一方面依赖于全球市场的向好，另一方面，ABB 的优势即在于此，"瘦身"和新的融资，都加强了这一优势。

"ABB 两年来走过的路很像一个钟摆，主业太多时，钟摆摆得太宽，公司虽然充满活力，但很不稳健。现在，我们只做两大领域，钟摆运行健康。"金乐说。

2005 年，ABB 集团的财务报告一扫低迷，销售收入达 224 亿美元，净收入为 7.35 亿美元。2006 年更是再上一层楼，根据已经公布的第三季度财务报告，季度订单达到 67.68 亿美元，净收入比 2005 同期增加一倍多。

从跨国公司到全球性公司

高成长是每个公司的梦想，但成长总是会带来烦恼，因为在大多数情况下，规模和效率总是互相矛盾的。近 20 年来，我们看到跨国公司们不断改变着自己的组织结构和运营模式，以在规模和效率两者间找到平衡，IBM 公司 CEO 塞缪尔·帕米萨诺指出，变革后跨国公司正演化为一个新的组织形式——全球公司。

事实上，跨国公司的这种演化是一个在内外部环境互动下的渐进过程。1988 年合并成立的 ABB 集团，20 多年来经历过多次被动调整和主动变革，现在，这家也曾经"诸侯林立"的公司正将越来越多的业务拓展到欧洲大陆之外的其他国家——包括中国，从而让我们可以有一个样本，近距离地体会从跨国公司到全球公司的运营模式的变身，以及它能给万千既希望成为百年老店又渴望永葆青春的中外企业带来怎样的普适性价值。

将杜曼和金乐的改革与IBM"谁说大象不能跳舞"的改革相提并论的管理学者不乏其人，当然每个公司面对的行业和历史问题都不一样，当《商务周刊》让柯睿思对这两家公司的改革做一些比较时，他的第一反应是，帕米萨诺所说的"全球性企业改革其战略、管理和运作，在全球范围内整合生产，并把价值带给顾客"理念，其实有一点是先要澄清的，那就是在跨国公司中，有一部分资源是可以进行全球整合和配置的，比如研发、生产环节；但另一部分则无法完全做到全球分享，那就是财务、人力资源、产品的销售以及售后服务支持部门等，因为各国的情况不一样，比如人力资源，无论中国公司的人力资源做得再好，都不可能直接帮助瑞士同事做人力资源工作，因为国情不同、语言不同，人的思想观念也不同。

同时，在以前的业务模式下，要求销售人员必须是技术工人出身，对技术了解得很深，现在只要对技术有足够了解就可以了，而把焦点放到倾听客户的声音上，更多地了解和掌握客户的需求。"这意味着不仅仅关注一个产品的销售，而是根据对客户的了解提供最适合客户的东西。"柯睿思说，就像一个销售人员卖自行车，另一个卖卡车，他们都想把自己的产品卖出去，"但是对客户来说，哪种产品更需要呢？我们现在的方法就是让销售人员去了解客户更需要什么，如果需要短途旅行，自行车合适，如果做长途运输，那就卖他卡车"。

构建平等的全球共享平台

ABB的技术资料都是所有业务部门共享的，这是一个跨业务部门的全球

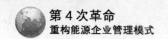
性共享平台。不同研发中心对于项目进展情况、专利数据库可以随时按安全层级查询。虽然不同产品有各自的研发平台，但是很多技术是可以共用的。共享平台让 ABB 对质量和技术的控制更加容易，任何一个工厂的产品质量问题都会很快反映到业务部门中的研发机构，以避免类似问题在其他地方出现。在研发层面上，每个业务部门都有产品经理，同时每个技术方向又有技术经理，每个地区又有地区经理，他们合作机会比较多，ABB 规定他们必须经常在一起开会交流。

对于业务部门来说，全球不同区域的产品公司都是平等的，业务单元的研发中心也是独立的，不属于任何一家公司，因此来自全球的开发需求传递到研发中心都会受到平等的对待。这与 ABB 的主要竞争对手西门子公司有所不同。在西门子，这些要求会先提给中国区母公司，再传递到总部，而总部则要权衡自己的需求来作研发安排。

以北京 ABB 低压电器有限公司为例。新产品的设计由位于德国的低压开关业务单元总负责，由于同一产品在全球市场都存在共性，所以全球共同开发、共同分享能够极大地提高规模带来的效率。ABB 的客户很多是政府部门和大型企业，对于他们的需求，ABB 都以最快的速度把信息传递到高压开关业务单元在瑞士的总部，和总部一起来寻找解决方案。

又如 ABB 北京高压开关公司对南水北调工程电力设备招标项目。它经过分析，发现国内相似系统一般会用断路器来做，但是 ABB 的环网柜也同样可以满足需求，而且比断路器的造价要低 30%。但是当时项目需要的40.5 万千伏环网柜还没有在中国销售，高压开关公司进行了市场调查后，给瑞士的业务部门总部打报告，要求开发这个产品。与此同时高压开关公司组织技术人员开始游说项目负责单位，介绍 ABB 环网柜的工作方式和工作理念，并做了份非常详细的方案。

得到客户认可后，北京高压开关公司在引进挪威技术的基础上做了国产化改选，并完成了全部国内环境实验。目前 ABB 大多数高压开关的研发工作都是中国同事和位于瑞士的研发中心以及位于瑞典的技术中心共同完成的。北京公司把国内的要求反映到高压开关总部，高压开关总部会组织研发中心和技术中心进行产品开发。所有这些过程都是在业务单元这条纵线上完成的，不需要通过地区或全球总部的批准，确保了快速高效。

通过信息化实现有机地整合和协同效率的提升

循序渐进，逐步改变销售人员的行为。通过管理手段或惩罚，很可能获得的资料是没有价值的，况且让管理层检查销售人员输入的每一个客户资料的真伪更不实际。必须逐渐改变销售人员的观念，并走上公司运营轨道，使之成为双赢的局面。

每周都要从销售人员的工作进程着手。他们要向主管报告一周安排，现在他们可跳过这一步骤，直接将工作安排输入计算机。这为他们节省了写报告的时间，并有更多的自由度。

接下去是策划书。销售行政人员要准备大量的策划书，他们常常因为高强度的工作量和不清楚的要求不断发牢骚。所以，管理层决定要求销售员在销售自动化（SFA，Sales Force Automation）系统填入表格，使得策划书更精确和有效率。由于策划书是获得订单的重要武器，大多数的销售员也相互合作提供信息。

销售人员从 SFA 系统获益，自然合作。例行的会议报告也省了，取而代之的是线上标准格式的报告。而且，销售人员输入客户有关信息的习惯也随之加强了。

工作进程中的策划书和会面报告，已经合而为一并能在线输入。最后，

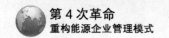

销售人员被要求在系统中输入客户资料和他们的组织结构。由于大量的资料已经输入完成，他们不会再对透露客户资料产生反感，而且他们在单一系统中输入所有信息将使操作更为简便有效和易于管理。销售人员从公司的 SFA 系统获益良多，自然就不会有抗拒心理。

信息网上呈现，中央存储，SFA 系统转换顺利完成。此时，管理部门要求销售人员在总结时，放弃传统的 Excel 报告形式。至此，所有信息在网上呈现，并存储在中央服务器中，他们可以通过网络浏览查看所有细节。仅需轻轻一击，在同客户会面后将采取何种措施的讯息，就将被自动分派给相关部门。最终，公司向 SFA 系统的转换顺利完成，没有碰到任何困难。

UPS 的核心集成

美国联合包裹服务公司（UPS）1907 年作为一家信使公司成立于美国，通过明确地致力于支持全球商业的目标，UPS 如今已发展到拥有 497 亿美元资产的大公司。如今的 UPS，或者称为联合包裹服务公司，是一家全球性的公司，其商标是世界上最知名、最值得景仰的商标之一。

作为世界上最大的快递承运商与包裹递送公司，它——同时也是专业的运输、物流、资本与电子商务服务的领导性的提供者。每天，都在世界上 200 多个国家和地域管理着物流、资金流与信息流。

UPS 每天为 1300 多万件包裹提供限时递、清关和详细的运件状态跟踪服务，其处理的包裹业务量荣居世界榜首。

在美国肯塔基州的路易斯维尔市，有 UPS 建造的世界上最大的分拣中心——UPS 世界港。它的营运面积达到 400 万平方英尺，拥有 1.7 万个传送带，工作几乎都是全自动的。

在以赛马著称的肯塔基州，UPS 建造的国际航空业务枢纽拥有 44 个飞机无缝衔接码头，这里可以每小时分拣 30.4 万个包裹，数据库处理速度达到了每小时 5900 万次。这座拥有世界最尖端技术和最先进设备的"世界港"3 年前刚刚竣工，使 UPS 的包裹处理能力提高到一个全新的水平。但这一切显然并不能完全代表这家世界最大的包裹运送公司的未来。

UPS 一直试图探究出客户未来的需求，不断询问他们许多问题并尝试可能的方案。像是"如果我们将你的包裹以这种或那种方法来处理会怎样呢？未来你的计划是什么？你成长中的企业的出货需求为何？你需要有关包裹运送的何种信息？对你而言，包裹早上抵达而非下午，其重要性为何？"UPS以咨询的角度询问这些问题，并对合作企业未来的出货需求提出忠告。

在全球范围内，UPS 的服务方式是提供一站式服务，因为 UPS 知道，用户希望与一个承运人打交道就能够办妥所有的事情。因此，在过去的几年中，UPS 将自己定位于一站式承运商和供应链解决方案供应商。UPS 的顾客希望能够像上面所描述的这样一个供应链系统帮助他们获得在速度、成本和顾客服务方面的竞争优势。

UPS 收购了许多公司，UPS 物流集团能够为客户确定配送中心的最佳位置，以便提高产品配送的速度，并尽可能地降低运输成本。UPS 资产公司能够为客户提供全球贸易理财解决方案，以及为小企业提供贷款。UPS 维修部件物流服务能够为合作伙伴的顾客提供快速的零部件配送和维修服务。UPS运输公司可以运输各种大型货物，并根据时间要求选择铁路、海运、航空或公路运输，将货物运送到世界各地。UPS 的清关服务可以加快货物过境的物流和信息流。

看似庞大的集团公司其业务战略却是一个有机的整体。是紧紧围绕着战略的核心定位：一站式承运商和供应链解决方案供应商。其整合的目标是为

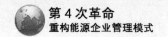
客户提供专业的供应链解决方案，促成全球商务的货物流、信息流和资金流的无缝隙运动，从而协助客户实现全球商业的同步化。这就是 UPS 编织的供应链服务。这样，UPS 全球物流能力有了进一步的拓展，在配送、运输和信息管理方面的核心实力有了进一步的延伸。

UPS 的金融服务创新客户价值

UPS 在新世纪到来时，进入了一个全新的业务领域——金融服务。

1998 年，UPS 成立子公司 UPS 资本，2001 年又并购美国第一国际银行，并将它与原来的 UPS 资本整合在一起，从而获得了美国本土的金融业务牌照。以此为基础，UPS 开始为客户提供各种"供应链金融服务"，包括存货融资、应收款融资等，近年来也提供信用保险、货物保险、中小企业贷款等金融服务。

传统银行的"存货融资"主要是一个文案处理的工作，由进出口部门的审贷员审查信用证，符合单据的就可以押汇拨款，除非发现客户有问题了才会去海关查询，但那时可能一切已晚。正是由于银行对跨境业务风险难以控制，所以在涉及国际贸易的存货融资方面一般要求较高，很多中小企业难以申请到存货融资或信用证融资。

与传统银行相比，UPS 的优势在于它将物流、信息流和资金流合而为一，降低了信用风险控制的成本。UPS 资本将节约的风险控制成本让渡给客户，推动了金融服务的快速成长。

自 1998 年成立以来，UPS 资本所属的供应链集成部门的收入额已经从 7.4 亿美元增至 89 亿美元，年均增长率为 28%，远高于 UPS 国内包裹部门年均 4.2% 的增速，也高于其国际包裹部门年均 13% 的增速。

不过，UPS 资本的目的并不在于赚取金融服务的利差收益，它的主要目的，在于用金融服务来吸引更多客户享受它的全程物流服务，以赚取更高的物流服务收益。

为了拓展产融模式，UPS 在很多地区采取与银行合作的模式。将利差收益让渡给银行。它为银行推荐客户，并提供信用担保等风险控制服务，由银行提供贷款并赚取利差收益。UPS 则获取物流增值服务收益。

UPS 是美国进出口银行、美国中小企业协会的首选合作机构。在中国也与浦发、深发展和招商银行合作开展供应链金融服务。金融服务成为 UPS 争取客户的利器。比如，2003 年 UPS 利用金融物流集成方案，解决了沃尔玛与东南亚供货商之间由来已久的资金周转矛盾，获得了大批中小企业客户。

今天，UPS 的模式已被敦豪（DHL）等其他物流企业效仿，全球最大海运公司马士基也开始从事物流金融服务。UPS 中国区董事总经理陈学淳说："未来的物流企业，谁能掌握金融服务，谁就能成为最终胜利者。"

既没集约化，也没一体化

近年来，许多中国企业都效仿以 GE 为标榜的"产融结合模式"。几乎所有大型多元化集团、垄断行业的龙头企业都涉足了金融领域，尤其是在保险行业，几乎聚集了所有的石油、电力巨头。

如中石油在经营石油业务的同时发起设立了中意人寿，并拟收购珠海商业银行；中海油合资成立了海康人寿；中石化发起设立了阳光财险、安邦财险；国家电网发起成立了英大泰和保险；南方电网发起成立了鼎和财险；华能集团发起成立了永诚财险；大唐发电发起成立了大地保险；首都机场合资成立中美大都会人寿；五矿集团控股了五矿证券，合资成立金盛人寿；中航集团则控股多家证券公司、期货公司等。

即使是那些竞争性产业的龙头企业，也纷纷效仿。如，海尔控股青岛商

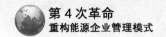

业银行、长江证券，并合资成立海尔纽约人寿保险公司；上海汽车成为安邦保险第一大股东；联想集团参与国民人寿发起；首钢成为生命人寿发起股东；万向集团成为民生寿险第一大股东，就连产品处于高投入期的上广电也与外方合资成立了广电日生人寿。

但由于不了解产融战略的内在原理，很多企业在选择金融业务时通常是随意的、机会导向型的。研究表明，简单的股权渗透并不能够创造增值，甚至可能由于金融部门的高杠杆风险而拖累产业部门。

让我们看看，2007 年，在持续亏损压力下，陕电力挂牌转让了旗下永安财险的股权；而首都机场在与美国大都会合资三年后，也最终选择全面撤资。五矿集团和法国安盛集团合资成立的金盛人寿在连续亏损 11 年的情况下，现被中国工商银行收购，控股 70%。

2010 年 3 月，美国纽约人寿将全部撤出合资公司——海尔纽约人寿保险公司的消息尘埃落定，这距离其成立合资公司整整七年，因而被称为难逃"七年之痒"。

集约化创新客户价值

中国是世界上民航市场增长最快的国家之一。近年来，中国航空工业在数量和规模上持续增长，获得了前所未有的发展。中国将在 2011 年 ~2020 年建立 50 个机场。建成之后，中国将拥有 240 个机场。

霍尼韦尔拥有航空方面的先进知识和技术，不仅能提供航空电子及机械部件，还能提供机场安防、安全和楼宇与环境控制自动化产品和服务，大大提高了航空事业的安全性。

在航空飞行方面，霍尼韦尔技术能提高飞行的安全性和效率，已成为中国主要飞机制造商和航空公司的合作伙伴。在机场运营管理方面，霍尼韦尔专业的自动化控制技术能为现代化的中国机场提供独特的解决方案。

为了更好地服务于机场业，霍尼韦尔新成立的机场业务部，整合了公司旗下诸多业务部门的产品和技术，包括楼宇管理系统、能源管理系统、生命安全系统、安防系统、机场照明系统、助航灯光、可视化泊位引导系统、高级地面活动引导系统、跑道异物检测、车辆追踪系统等，为广大机场客户提供了全方位、一站式的运营管理解决方案。

除了系统集成，霍尼韦尔在安防、生命安全和楼宇和环境控制等领域也具有深厚的专业经验和领先技术。针对机场安全防范的严格要求，霍尼韦尔安防机场集成解决方案以机场安防集成管理平台 HUS 为基础，整合视频监控、高级视频分析、门禁和出入口管理、周界防范报警于一体，结合先进的雷达视频追踪、光纤感应、无线射频标识及生物识别技术等，有效提高了机场大范围周界的防范效率，完善了对机场复杂人群的综合管理能力，增强了对机场不同环境条件下的实时监控及快速反应能力。

同时，HUS 还可以与机场专用的业务管理系统和办公自动化系统进行数据交换、信息共享（如航班信息、安检状态）、资源互用，以实现提前预警、排除隐患、快速响应等管理方式，大大增强机场安全系数，提高机场的综合安全防范能力。

霍尼韦尔机场生命安全一体化解决方案整合了先进的火灾报警系统，烟雾探测、感温探测、火焰探测、电气火灾和气体等多种探测系统，消防/公共广播和语音报警系统等众多生命安全产品，通过高性能的智能控制通信方案集成一体，为机场客户提供一个更完善的生命安全解决方案，进一步提升机场的安全系数和智能标准。霍尼韦尔安全产品更可为机场客户提供专业的个人安全防护解决方案，并以此帮助客户改善工作环境安全。

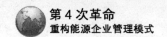

霍尼韦尔机场环境控制解决方案，整合了智能楼宇控制系统，包括加热过程控制、通风控制、冷却和制冷控制、温度控制、照明控制、空气净化等，通过管理层网络与各级控制器网络的无缝链接，将各种现场的实时运行状况集成到统一的人机交互界面，实现对机场整体运营状况的监视和管理。

其高过滤、小阻力、低功耗的电子空气净化系统结合紫外线和光触媒滤网，可有效去除空气中 95% 的颗粒物，杀灭 86% 的细菌、病毒等有机物，为旅客提供健康的候机环境；先进的 LED 照明解决方案，可为机场节省 50% 以上的能耗；Ex－or 智能灯光控制内置光感探测器，可根据室外照度，自动调整室内光源明暗并可按设定的使用需求自动关闭室内光源，充分利用自然采光，最大程度上节约能源。

"不管是航空飞行还是机场运营管理，霍尼韦尔致力于使空中旅行更安全，更舒适，更高效。"霍尼韦尔中国和印度总裁兼首席执行官沈达理说道，"随着中国经济的飞速发展和城市化进程的推进，航空工业正面临着前所未有的机遇和挑战。不管是驾驶舱、滑行道，还是航站楼，所有的技术和系统都必须相互配合、紧密联系，这是至关重要的。我相信，在保持低运营成本和低能耗的同时，霍尼韦尔专业的航空航天技术和自动化控制技术能帮助客户增加安全性，降低事故率，并提高舒适性和运营效率。"

目前，世界上已有几百个大型机场成功运用了霍尼韦尔提供的集成解决方案，包括美国最繁忙的芝加哥奥黑尔机场，国内人流最大的北京首都国际机场和全世界货运量最大的香港国际机场等。

从以上的内容，我们可以清晰地看到霍尼韦尔为了机场客户提供完整的一体化解决方案，打破了内部业务部门的界限，整合在一起协同运作，共同致力于客户系统问题的解决，霍尼韦尔的一体化，是通过为客户创造新的价值，提供集成解决方案而实现的。其实，为了创新价值公司还可以跨越公司组织，通过外部整合共同为客户创造价值。

集约化向何方

2010 年中国国家电网公司两会上，与会代表在拿到总经理刘振亚的报告同时，还拿到一份对报告中 22 个名词进行解释的附件。其中"三集五大"作为新名词，引发了代表们的持续热议。

"三集五大"指：人力资源、财务、物资集约化管理；大规划、大建设、大运行、大生产、大营销体系。"三集五大"的提出，既是对公司"四化"工作的贯彻落实，更饱含着破解公司深层次体制机制矛盾，争取在关键领域和重要环节上取得突破的深谋远虑。

公司历史沿革复杂，按照一个真正意义上的企业来运作的时间并不长。近年来，公司着眼于提高管理效率和经济效益，初步走上了摆脱粗放、促进集约之路。

"企业管理全面加强、集团化格局基本形成，但体制机制的深层矛盾尚未根本解决，各种'自转'现象还不同程度地存在。"刘振亚一语中的。事实上，体制机制的改革从来都是一块"硬骨头"。实施"三集"管理，要力争用 1~2 年时间，在全公司推行统一的管理模式、管理标准、业务流程，建设统一的信息平台，不断加大资源重组整合和集约调控力度，提高人、财、物核心资源的集中度和调控力，最大限度发挥规模效益。

构建"五大"体系，要力争用 3~5 年时间，围绕公司规划、建设、运行、生产、营销等主要业务领域，全面推进管理体制和工作机制创新，变革组织架构、创新管理方式、优化业务流程，实现企业管理由条块分割向协同统一、分散粗放向集中精益方式的根本性转变。

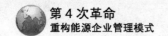
"三集五大"作为转变公司发展方式的核心，将借助变革组织架构，创新管理方式，优化业务流程，全面提高发展的质量和效率，实现国有资产保值增值。

推进"三集五大"，信息化是基础。信息技术是当今世界上创新速度最快、通用性最广、渗透性最强的技术，已成为企业发展的第一驱动力。要实现对相关要素的管理，必须构建覆盖各环节的信息管理系统。推进"三集五大"，标准化是关键。如果没有标准，大家各吹各的号，各弹各的调，不仅既定战略难以落实，更会给企业发展埋下重大隐患。

其实，更重要的是要重新思考，国网公司的战略逻辑，那就是通过"三集五大"实现"两个转变"，最终实现"一强三优"的总体战略目标。这也要求，集约化必须要找到核心的集成点，通过集成公司的有效资源，提升企业的竞争力。再通过信息化系统进行全网的集成与链接，实现知识共享，协同管理，建立与电力供应商、客户、相关合作伙伴全面互动的新模式。

南方电网的一体化

2011 年 6 月 3 日上午，南方电网公司董事长赵建国在广州会晤了 GE 公司董事长兼首席执行官杰夫·伊梅尔特，双方就电动汽车、智能电网等可能合作的领域进行了探讨和交流。

"2007 年，我参加中国高级管理人员研究班，在美国切身感受到了 GE 的企业理念、企业精神及创新精神。受'绿色创想计划'的启发，回国后在南方电网启动了'绿色行动'，意在为中国实现绿色发展做出贡献。"南方电网公司董事长赵建国说。

公司成立初期就创造性地提出了符合区域大电网发展规律和公司特点的一系列大政方针和治企方略。"对中央负责，为五省区服务"的宗旨、"主动承担社会责任"的核心价值观、"打造经营型、服务型、一体化、现代化的国内领先、国际著名企业"的战略目标和"六个更加注重"的工作方针等。

公司是市场经营主体，要遵循市场经济基本规律，追求合理的经济效益和卓越的经营业绩，要想成为市场化的经营型企业，企业必须以客户为中心，从供电企业转向服务型企业。通过企业的绿色行动这一战略，更好地使集团公司的各个业务形成有机的统一体，实现一体化协同运营，更好地为客户创造价值，为社会贡献力量。

围绕着战略核心才能发挥集团协同效应和战略控制力，集团总部才能承担起战略管理、风险控制、运营协调和职能支持四方面基本功能。合理划分总部与分子公司管理界面。按权责统一原则，赋予各分子公司相应的业务管理权，充分调动分子公司积极性。

建立集团化管理体系。建立和完善战略规划与管理、经营计划与预算管理、人力资源与业绩管理、资本与财务管理、外部关系与风险控制、监察与审计监督等职能管理体系，以及调度管理、安全生产管理、科技管理等业务管理体系和信息支持体系。进一步提高组织效率，逐步缩短管理链条，提高公司决策水平和信息传递速度。打造扁平化组织，优化业务与管理流程。

集约化经营的基本内涵有本义和现代义两种解释。《辞海》解释其本义为："集约"是指农业上在同一面积投入较多的生产资料和劳动进行精耕细作，用提高单位面积产量的方法来增加产品总量的经营方式。

现代意义的"集约化经营"的内涵，则是从前苏联"引进"的。1958年苏联经济学家第一次引用"集约"一词，解释其义为：指在社会经济活动中，在同一经济范围内，通过经营要素质量的提高、要素含量的增加、要素投入的集中以及要素组合方式的调整来增进效益的经营方式。简而言之，集

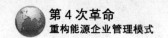
约是相对粗放而言，集约化经营是以效益（社会效益和经济效益）为根本对经营诸要素重组，实现最小的成本获得最大的投资回报。

集约化的目的不是为了集约化，一体化的目的也不是为了一体化，而是集合到一起创造出更大的效益，创新顾客的价值，更有效地提升企业的竞争力。这才是其根本。我们把握了这个本质，才有可能真正地实现高效的一体化组织系统。

第八章　重塑品牌观念

尽管品牌是一门大生意、大资产，但目前许多经营者对品牌管理还停留在表象的认识层面上。顶尖的品牌具有各自的远景、宗旨、财务目标和市场目标，以及一整套实现这些目标的战略组合。如何缔造卓越的品牌，是企业管理永恒的课题。今天我们必须重塑品牌管理理念，揭示品牌卓越的根本。

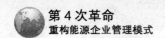

尽管苹果的产品风靡世界，受到"果粉"的热烈追捧，但是由于外包工厂待遇和工作条件差被曝光，苹果公司在全球的形象受到严重损害，招来麻烦。有消费者和劳工保护组织呼吁在全球范围内抵制苹果 iPhone 智能手机和 iPad 平板电脑。

《洛杉矶时报》在一篇专栏文章中提出疑问：消费者是否应该团结起来共同抵制苹果？在美国颇具影响的《新闻周刊》专栏作家 Dan Lyons 在最近一篇文章中说，这种做法太"野蛮"，如果苹果不做出改变的话最终会引燃消费者的怒火。

《福布斯》专栏作家 Peter Cohan 也加入了讨伐苹果的行动。他在文章中说："如果把所有因制造 iPhones 和 iPad 伤亡的人数加在一起的话，你会发现这是个很惊人的数字。"文章标题直接呼吁消费者抵制苹果。

《纽约时报》最先曝光了苹果主要代工厂商富士康设在中国南方一家工厂的恶劣工作条件和员工受到的非人道待遇。这件事在美国已经引起广泛关注并激起了公众对苹果公司的不满。

今天的人们开始追求道德健康的产品，从那些他们认为与自己一样成熟、有道德、有社会责任感的公司购买商品。的确，经过一段"没有节制的经济发展"，消费者正在呼吁政府、企业和社会联合起来恢复可持续发展的繁荣，人们想要的是生活的质，而不是量。营销者必须提供使我们能够最尽情地享受人生的产品和服务，这些产品和服务必须与本国、本地的自然环境相和谐。

当今的企业领导者尤其必须接受"绿色"的道德观，将其贯穿于所有的经营活动当中，并且在所有的产品和服务之中反映出这一道德观。否则，消费者将转换所选择的品牌，甚至联合起来抵制某种产品。消费者不但会更加强烈地重视产品最终使用者的健康问题，也更加希望得到有益于地球环境的产品。这些产品从性能和价值上不打折扣，却又能够全面地提高生活质量。

仅在中国，"绿色"的消费者越来越多。在世界的城市里，绝大多数人（超过90%）已经声称他们更可能购买采用可降解或可回收的材料包装的产品，而80%以上的人将为此类包装多付钱。的确，相当数量的产品采用了有助于购买者减少固体废弃物、污染和减少不可再生资源消耗的包装，这类产品的发展速度比所有新包装商品的平均发展速度快30倍！

那些致力于关注其他"热点"社会问题（如犯罪），并使消费者知道其在努力的公司将得到消费者的回报。为了列入消费者心中"好"的公司名单，企业必须既提供相关的产品，同时又是相应的奉献者。这就是说，要急购买者之急，并且为他们提供有道德的、文明的产品和服务。

许多公司声称，企业草创期经营面临的竞争和政策环境令他们感到"如履薄冰"，相信在今后与消费者打交道方面他们也将会有这种深刻体会——所有的产品和市场促销必须"贴近公共问题"，进而贴近消费者。通过有道德的商业行为，企业能够而且必须为振兴可持续发展的社会发挥其作用，在这种有效的行为中获得持久的发展和利润。

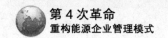

品牌不仅仅是形象塑造

2006 年 5 月，GE 公司董事长兼首席执行官伊梅尔特在中国市场启动了"绿色创想"计划。到 2007 年，"绿色创想"已经通过一系列整合营销手段，向公众展示了一个完全不同的 GE 品牌。

GE 的品牌有了"绿色创想"清晰的价值，这样不管是媒体表现、广告诉求，都紧紧围绕着品牌的核心价值诉求，突出"绿色创想"的主题。提及 GE 之处，"绿色"、"环保"、"节能减排"、"可持续发展"这些名词必不可少，与 GE 如影随形。

不可否认，这个耗资百万美元的全球市场活动已经成功地为 GE 品牌带来了一抹清新的"绿色"，由此实现了一个世界知名老牌企业的华丽转身。

媒体组合系统传播

一直以来，GE 富有创意的广告都被大家津津乐道，这也成为 GE 营销绿色的有效手段之一。自"绿色创想"计划在中国正式启动以来，在北京、上海和广州的机场，我们都能通过 GE 的广告组图，对 GE 的绿色理念有最直观的认知。

与此同时，GE 还在网络媒体上推出了在线广告，互动的形式让人印象深刻，亲和力十足。2007 年，GE 首次推出电视广告，这对向来不太喜欢广告宣传的 GE 来说不能不算是又一个转变。犹如电影诗篇一般的电视广告，从内容和形式两方面着手，这种颇具吸引力的广告宣传，让 GE 的绿色思潮以润物细无声的方式根植于客户心中，效果良好。

GE 的广告一直在强调"GE 到底为了我做什么"，而不是告知消费者

"GE 在做什么"。这样的传播更容易让人产生兴趣并且记住。

在 GE 工作了 24 年的高级副总裁兼首席市场官贝思·康斯托克目睹 GE 的许多重大转变。那些在 20 年前还不存在的业务，如今已成为 GE 收入的主要来源。

即使那些并不直接使用 GE 的产品，目前还没有发生买卖关系的消费者，GE 依然希望和他们产生共鸣，这有助于品牌的打造和品牌的名声。贝思说，"一个普通消费者可能不会订购 GE 的飞机发动机，但是一家航空公司里面最后决定是买哪一家公司发动机的决策者，可能有 50 个普通消费者会影响到他最终的决策。所以 GE 觉得最有效的沟通方式还是通过消费者的平台。"

另外，普通消费者也会影响到公司最终的购买决定，比如一个普通的消费者认为，如果检查他的身体用的是 GE 品牌的超声设备，会让他觉得更舒服，或者坐飞机的人如果知道这架飞机用的是 GE 最高品质的发动机，会觉得更加的安全，那么普通消费者会影响到很多公司购买的最终决定。

GE 的"绿色创想"不仅仅是宣传的口号，而是一系列企业经营行为的具体表现。传播不仅仅是树立形象，而是与消费者实现有效的沟通，达成共识。

立体传播体验价值

除了传统的、必不可少的公关策划活动、广告宣传之外，GE 的市场活动十分活跃。2007 年 6 月，正值"绿色创想"战略在中国启动一周年之际，GE 公司以豪华阵容亮相"2007 北京国际节能环保展"，展示 GE "绿色创想"系列产品，介绍业界领先节能环保技术及其在各个领域的广泛应用。

2007 年 9 月中旬，在中国首个煤炭能源博览会上——山西煤博会上，GE 隆重亮相，"绿色创想"计划及其系列产品解决方案再一次被中国公众熟

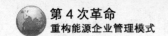
知；2007 年 10 月，在深圳举行的第九届中国国际高新技术成果交易会上，GE 高调出场，集中展示了 GE 领先节能的"绿色创想"系列产品及适用于不同领域的环境解决方案；同月，GE 携手鄂尔多斯市人民政府在鄂尔多斯市成功举行"绿色创想助力可持续发展"研讨会，GE 具有代表性的"绿色创想"技术及方案得到鄂尔多斯市政府的高度认可，为双方今后的合作奠定了坚实基础。

不遗漏良机仅仅只是一个方面，更重要的是，紧跟中国社会的发展脉搏，积极响应中国政府的政策号召，这让 GE"绿色创想"计划走得更加持久。作为北京 2008 年奥运会全球合作伙伴，GE 公司通过其优秀的能源和水处理技术，全力支持了北京实现"绿色奥运"的目标。在整个中国"全民奥运"的大背景之下，GE 巧妙借助奥运的东风，"绿色创想"结合"绿色奥运"，更加迅速地赢得了政府和公众的认可。

据 GE 中国公共传播总监李国威表示："2006 年，GE 的宣传战略本来是想推进'绿色奥运'，但在做了一些调查后，发现很多消费者不知道 GE 是绿色环保企业，从'绿色创想'到'绿色奥运'的理解有个巨大的差距，所以 GE 决定还是要坚定地树立环保形象。经过一系列的'绿色创想'宣传计划，效果非常不错。"在 2007 年年底，GE 的宣传重点重新回到"绿色奥运"主题，在公众认可并且建立了绿色认知的情况下，将 GE 与"绿色奥运"结合起来。

不仅仅是传播

在大家的印象中，GE 是一家典型的制造企业。但是因为绿色创想，GE 却摆脱了制造商们给人的笨重形象，其推广和营销上的大获成功，使得 GE 更像是一家灵活的市场公司。

"绿色奥运"和"绿色创想"的联系也强调了 GE 对中国的郑重承诺，作为北京奥运会的顶级赞助商，GE 的目的很明确，提升品牌和增加销售。

不过，GE 的销售，是指在奥运的影响之下，除了扩大 GE 在常规领域的销售之外，还将奥运的基建项目也发展为 GE 的客户，也就是说，让奥运为 GE "埋单"。当然，在北京之后还有伦敦奥运会、温哥华冬奥会以及上海世博会和广州亚运会。

GE 首先在中国借助"绿色奥运"的契机推行其宏伟计划——这也是 GE 成为奥运顶级赞助商以来第一次全面参与赞助夏季奥运会。GE 专门建立了一个 100 人左右的奥运团队负责北京奥运会业务，旨在为 2008 年奥运会提供基础设施解决方案寻找机会。团队由 5 个业务部门组成，包括体育场馆、交通运输、商业楼宇、能源与水处理及奥组委政府事务。这也成为 GE 内部唯一一个按照客户和业主的要求来运营的一个模式。在此之前，GE 的销售人员都是按事业部方式组合，不同产品都有自己的销售人员。

GE 为北京 2008 奥运实现绿色奥运做出了重要贡献。GE 为所有 37 个奥运场馆、168 个商业建筑以及北京周边地区提供了大型基础设施解决方案。GE 还为 300 多个项目提供一系列的先进技术支持，协助奥运会实现可持续发展目标。

奥运会期间，每个去过奥运鸟巢和水立方的观众都会看到场馆内一排排的直饮水龙头，这是 GE 提供的设备，它们可以每小时提供 16 吨饮用水，满足比赛期间观众的饮水需求。在北京奥运会上，GE 的产品和设备应用于多个项目中——GE 为太阳宫电厂提供的天然气循环燃气轮机组，可满足北京奥运中央区域热、电、冷三方面的需求；北京清河污水处理厂采用的 GE 超滤薄膜技术，可日处理 8 万吨废水，处理后的中水循环用于奥运景观中；此外，GE 还为奥运场馆提供了雨洪回用膜的技术。

尽管身处全球经济动荡的背景下，GE 却仍然有好消息，它宣布其来自节能、环保产品和服务的收入仍将在 2008 年实现 21% 的大幅增长，达到 170 亿美元。在中国，与北京一起经历了奥运的 GE 更是赚得盆满钵满，之前定下的销售目标是 5 亿美元，而最终的奥运直接受益却是 17 亿美元。GE 旗下的 NBC 电视台获得了在美国的奥运转播权，仅仅是 NBC 奥运期间的广告，就让 GE 入账 10 亿美元。而 GE 的水、安防、照明和供配电系统都成功销售到奥运场馆建设中，这部分的累计销售是 7 亿元。

更为重要的是奥运为 GE 开启的商业机会非常宝贵，它的重要使命之一是要将绿色创想的整合营销商业模式推广到了上海世博会、广州 2010 年的亚运会、澳门赌场和娱乐设施的改造、新加坡工业园等大型赛事和活动。另外，GE 马不停蹄地趁着奥运热潮，和国家发改委、青岛市政府等各级政府机构签署了一系列的环保备忘录，以加强在中国推广绿色创想的战略。

影响关键决策人

2006 年 5 月，伊梅尔特将他的"绿色创想"计划带到了 GE 进入中国一百周年的庆典上，他深知，中国远比北美和欧洲那些成熟市场更需要一场声势浩大的"环保秀"。在这个"环保秀"上，伊梅尔特邀请了决定 GE"绿色赌注"中国命运的一些关键人物——国家发展改革委员会副主任张国宝、北京市副市长兼第 29 届奥运会组织委员会常务副主任刘敬民、华能集团副总经理、华能国际电力股份有限公司副总裁黄龙、中国国电集团公司副总裁朱永芃等。

在庆典当天上午，GE 与中国发改委签署了一项合作备忘录，GE 将向中国提供包括洁净煤技术、先进风能技术、支线航空、先进机车开发、水处理、建筑物节能、节能长寿照明系统的科技合作等。作为回报，中国铁道部向 GE 订购了 300 台 GE 为中国市场特制的机车，在风力发电机项目上，GE 也已揽下了 70 万千瓦的订单。

对于中国市场，伊梅尔特神情振奋，"我们的'绿色创想'概念和中国政府的'十一五'规划不谋而合，中国政府现在倡导要创造绿色 GDP，而这正是'绿色创想'的主旨。"

据国家环保总局测算，"十一五"期间，中国全社会环保投资预计达到 13750 亿人民币，未来 10 年，环保产业产值平均增长率将在 15%～20%。这一增长数字使 10 个月前但任 GE 中国区总裁的庞德明兴奋不已，这与 GE 在中国设定的两位数增长目标高度一致。庞德明向《中国企业家》表示，"我的任务是使 GE 准确把握这一政策导向，并比别人走得更快"。

事实上，伊梅尔特曾在接受《哈佛商业评论》（英文版）采访时表示，"这些计划必须有中国政府的支持"。"中国和卡塔尔的生意经不一样，在卡塔尔我们要接触生意人，而在中国，则需要跟发改委重点打交道。"

中国政府正在不遗余力地支持风力发电产业，而这是 GE 的重点产业之一。GE 能源在 2002 年 5 月将安然的风能部门收购，在短短两年时间内，GE 利用本身优势，对风机技术及风能业务战略管理进行整合和提升。2003 年，GE 风能风机装机供应量在全球已经跃居第二位。在 2003 年进入中国风能市场之后，GE 接连拿下内蒙古、江苏、新疆、河北等地的风电项目，短短三年时间，已经成为中国主要的风能设备供应商之一。

为了应对中国政府 2005 年出台的关于"风电项目采用的机组国产化率要达到 70%"的政策，GE 迅速在沈阳投资上千万美元组建了风机组装厂。在实现本地化生产后，GE 联手中国最大的专业齿轮厂商——南京高精齿轮集团，共同投资开发风力发电机的专用齿轮箱，这一举措将大幅降低 GE 风能设备的成本。GE 的扩张使中国本土的风能领袖企业新疆金风倍感压力，

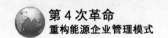
后者在中国市场占据27%的市场份额。

除此之外，在中国三大国有航空公司的飞机发动机采购上，GE 渐具优势。目前已经有数十架飞机使用的是"燃油效率提高15%，噪声减少30%，污染排放量将大幅降低"的 Genx 发动机。

BP 不仅贡献石油

创立于1908 年，总部设在伦敦的英国 BP 石油公司，现已发展成为当今世界上技术最先进、实力最雄厚的石油公司之一。

2000 年 BP 借助集团兼并整合之机设计了全球通行的新品牌，其标识是一个由绿、黄、白三色组成的太阳花标志，试图表达动态能源的各种形式，从石油、天然气到太阳能，角落里小写的 bp 两个字母，既显示了公司的渊源，又被创造性地诠释为"不仅贡献石油"（Beyond Petroleum）。

BP"不仅贡献石油"的品牌策略准确地传递出 BP 致力于发展多种能源的战略，以及关注环境保护和人类进步的终极使命。

公司行为是检验品牌所有承诺的唯一标准。2001 年之后 BP 的确发展迅猛，世界500 强排名由1995 年的第31 位，上升为2012 年的第4 位，甚至曾一度超过壳牌公司。然而，2006 年阿拉斯加油井27 万加仑石油泄漏事件以及之后普拉德霍湾油田的关闭，一向以绿色形象示人的 BP 该如何面对"BP'绿色'宣言至多不过是用大量金钱堆砌的虚假广告"这样的指责？如今的 BP 再度面临挑战。

品牌策略适时而变

从某种程度上讲，适应性是伟人和优秀公司的特有品性。纵观近百年

BP 的发展过程，并非直线和平稳的，经常会遭遇变化，甚至是突如其来的变化。

20 世纪 80 年代以后，公司遭遇石油危机和美国石油公司扩张的双重威胁，曾一度陷入困境。1995 年布朗接任 CEO 之时，当时公司的名称还是英国石油（British Petroleum），股票价格比 20 世纪 80 年代初还要低，世界 500 强名列 31 位。然而在布朗的带领下，BP 大刀阔斧地做出战略调整：另辟蹊径，寻找新的石油资源，它捷足先登并把目光投向了俄罗斯、非洲和拉美；扬长避短，大力发展天然气。

这一战略得到了坚决地贯彻执行。1999 年 BP 收购美国阿莫科公司，紧接着，BP 又先后收购了世界著名石油公司 Arco 公司和 Castrol 公司。大规模兼并整合告一段落后，BP 新集团面临着战略再定位的问题：石油公司应该如何对天气变化做出反应？新科技对于石化燃料意味着什么？能源工业的未来在哪里？

企业的一切经营活动，都不能只关注眼前的利润，今天在这里还有利可图，明天可能就没有利润了。因此，企业必须关注未来的利润在何方？前瞻性地在该市场建立竞争力，提升获利能力，保持企业持续地经营，当然，这一切又必须通过市场竞争才能得以实现。市场的竞争是品牌的竞争，品牌是企业竞争优势的集中体现。BP 为了更好地把握未来能源的格局的变化，积极应对天然气与新能源的挑战，这就驱动 BP 品牌新战略的实施。

品牌引领方向，品牌驱动经营战略，品牌是企业资产价值的真正体现，品牌战略是科学的管理系统。品牌战略管理可以让你明确方向，掌握竞争成功之道，确立市场优势地位，并告诉企业向何处去，怎样去，如何提高竞争力，如何战胜对手，并有效地达到目标，真正创建品牌的竞争优势，获得稳健持续的发展。品牌是企业经营的定向罗盘。

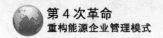

品牌基于一种信仰

一个真正强势的品牌,其生命力在于打动人心,这往往反映在其内在精神与整体性时代精神及人们生活方式深层需求的高度契合。顶尖的品牌都具有各自的愿景、宗旨、财务目标和市场目标,以及一整套实现这些目标的战略组合。品牌是企业资产价值的真正体现。从 IBM "四海一家的解决之道",到诺基亚"科技,以人为本",无不如此。

BP 是一个非常聪明的品牌,深谙此道。BP 认识到要想拥有一个可持续发展的未来,品牌需要一种创新,需要将自己置身于传统的石油生意之外,需要赋予其品牌一种感动人心的力量,于是,2000 年 BP 以一种前瞻性的战略眼光进行了清晰的品牌重塑。

新 BP 品牌基于一种信仰,即 BP 的产品和服务是为了提高人们的生活质量;同时,BP 认识到它的责任,需要以尊重自然环境的方式生产,履行其保护环境的责任,以期成为一个更好的社会公民。它展示了 BP 的远见、也反映了其重视环境责任、创新和进步性的品牌价值。

具体地讲,BP 品牌价值体现在四个方面:绿色环保,以积极主动的态度,负责任地对待地球的自然资源,并致力于开发低碳的能源资源;勇于创新,寻求全新的机会为我们的客户提供突破性的解决方案;业绩为本,在全球范围设定企业和财务业绩标准,并在信任中做出并兑现承诺;锐意进取,体察客户、社会和所在社区的脉动,保持平易近人、公开、包容和多样性,坚定不移地寻求更新、更好的做事方法。

品牌的使命明确

网站是 BP 品牌形象传播的一个有效媒介。从 BP 网站上我们也可以清楚地看到它的使命：创造一个不必由石油驱动的世界，这对于一个靠挖石油为生的公司来讲，真是一个不容易的举动。

网站通过一系列方式表明它力图处理二氧化碳排放、再生能源和公司社会责任的问题。"环境和社会"栏目是排在第二位，在"产品和服务"之前，"公司介绍"之后。网站还介绍了许多种节省能源的方法。

一家石油公司能够显示其进步性的方式就是有效地表达：请尽量控制该产品的使用量。这有一点像可口可乐公司，它总是告诉大家，含糖过高饮料有损健康；也正如邓肯多纳圈告诉大家烘烤的馅饼和咖啡不健康。为什么不吃苹果和果汁来代替它们呢？

更多的是，通过公关和公益活动，BP 不断传递它对于环保和人类可持续发展的关注。BP 各国分公司会拿出赢利的一部分来回报社会，做一些对当地社会和民众有益的事情，同当地社区和谐发展。

在中国，BP 开展了影响中国两亿孩子的"绿色教育行动"，通过"政府部门 + 非政府组织 + 跨国公司"的复合模式，BP 希望以此代表其超越石油的决心。2005 年 5 月 23 日，"中山大学——BP 液化天然气教育培训与研究中心"也正式启动，BP 还宣布在广东科学中心建设一个大型的太阳能展示项目——太阳能风帆，以推动可再生能源利用，增强公众环境保护意识，等等。

石油泄漏：BP 路在何方？

诚然，这些年来 BP 在实践其"不仅贡献石油"品牌承诺方面的成绩是全世界有目共睹的。然而，对于石油这样一个特殊的行业，如若开采不当对于环境的损害可能令人无法想象，甚至有可能抹杀之前你做的所有努力。

今天的消费者也会更加有意识地去了解其购买产品的公司，比如说，它

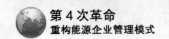

对于环境的影响，它是如何对待员工的以及它在商业实践方面的开放和诚实程度。

2011 年 3 月，BP 阿拉斯加普拉德霍湾油田石油管道发生泄漏，它造成了 27 万加仑的石油泄漏。由于没有达到其在环境和安全方面的承诺，BP 品牌最初的光芒略显暗淡，受到批评家的指责。

继该事件之后，8 月 6 日，BP 宣布位于阿拉斯加的普拉德霍湾输油管道出现事故，美国最大的油井被关闭。8 月 9 日英国《金融时报》头版刊文揭露，BP 员工早在两年前就向伦敦总部发出过阿拉斯加油管腐蚀严重可能出现问题的警报，公司管理层没有予以足够重视，本已受质疑的 BP "绿色"品牌形象更是雪上加霜。

"不仅贡献石油"是 BP 为自己设定的标准，但是对于它是否能够继续达到和如何达到这个标准，人们将拭目以待。

品牌到底是什么

GE "绿色创想"的品牌战略明确定位，使集团的业务得以整合，并实现系统运营。真正意义上的品牌战略管理需要全面整合企业经营资源，系统地开辟新的业务范围，创建市场竞争优势。

品牌的定位不再仅仅是一句简单的广告语，它应该清晰地传达企业为顾客创造的价值，在此，我们需要对品牌的定位重新诠释。

品牌定位不只是一个点，而是一个完整的系统。品牌定位不是一个简单的产品定位的问题，品牌定位是品牌整合资源的集成价值定位，它是对品牌价值的各个维度的确定，是战略决策的进一步明确，是竞争位置的体现，是战略导向的基准，是资源整合的焦点。品牌定位是品牌战略管理的重要前提，是整个品牌战略管理系统中的首要环节。

大多数教科书仅仅把品牌当做商标名称或品牌形象进行宣讲，根本没有提升到战略的层面上进行思考。许多经营者仅仅把品牌塑造看成形象设计、广告的传播及产品促销，不免有些片面。品牌战略是企业经营战略的总体反映，重新认识品牌战略管理至关重要。

如今，创建品牌已成为影响公司业绩的重要因素，过去一度被认为是公司商誉的一个不可测量因素的品牌价值，近来成为公司无形资产的评测中可以测量的货币资产。但是，当前对于品牌的理解和定义也各不相同。现代营销学之父菲利浦·科特勒在他的经典教科书《营销管理》中提出："品牌是用来识别一个公司的产品或服务并使其区别于其他竞争对手的一个名称、一个术语、一个标志、一个象征、一种设计或以上功用的组合。"

尽管大师的品牌定义对商业实践具有价值，但是，通过企业品牌管理咨询的实践和研究，发现品牌驱动经营战略，对提高企业资产的价值有着极其重要的作用。为进一步阐释创建品牌的价值，我们必须重新对品牌进行定义：

品牌是一种定位：是企业战略的基点，它承载着企业的使命及愿景，体现核心价值观，是企业与目标市场的连接点；

品牌是一种导向：是企业发展战略集合的总体指导原则；

品牌是一种价值：是企业有形资产的无形放大，是整合资源，形成以有形产品为载体，以知识与体验为特质的价值总和；

品牌是一种识别：是表现一个企业所提供的价值的名称、形象、个性或以上要素的组合；

品牌是一种效应：是企业与资源之间建立关系，获取持续竞争优势与顾客忠诚的一种磁场效应。

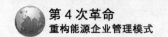

简而言之，品牌是企业经营系统和商业模式的价值总称。

21 世纪最出色的品牌标志之一

壳牌的商标一直是 21 世纪最出色的品牌标志之一。壳牌是一家业务遍及全球多个国家和地区的全球化能源和化工集团。

200 年前，壳牌起源于一家位于伦敦的小古董店，后来这家店开始销售贝壳。如今，壳牌已发展成世界主要能源公司之一。

壳牌的名称、扇贝形状的标识和独特的红黄色彩已成为该品牌和公司声誉的标志，这些符号代表着他们的产品和服务的品质，体现着他们的国际专业水准和价值观。

壳牌全球品牌传播总监 Melena Cutuli de Tur 表示，壳牌公司现在面临着一个比较艰难的时段，应该进入到一个变革的阶段，壳牌是一个非常大型的能源公司，现在这个传统的经营模式需要改变，CEO 认为在市场上获得成功的前提就是需要理解消费者需要什么，并且根据这些需求来寻求创新解决方案，帮助他们解决问题。

把"黑"变"绿"

壳牌在过去的这么多年一直致力于把"黑色"的石油变成"绿色"的石油。

壳牌是综合性的公司，本身有能源的开采、天然气的开采，还有庞大的炼油设施，还有清洁能源、替代能源等，在已经有的产业中，每天在生产着二氧化碳的企业当中，要考虑如何让自身的二氧化碳排放更低。壳牌设置了一个非常高的标准，这个标准不是被动的压力，而是自己主动设置的。

二氧化碳的排放降低了，但并不是说可以根除，作为一个工厂同样还有二氧化碳的排放，那下一步怎么办？如何找到更新的解决办法，比如说在荷兰的一个工厂，一个很大的石油基地，每年都会排放很多二氧化碳出来，除了用很好的先进技术把二氧化碳排放降低的基础上，照样还要排放出二氧化碳，最后他们找到了农作物生产基地，应该说这两者是不能产生任何关系的，但是壳牌找到了很好的合作关系，农作物的生产需要二氧化碳，将排放出来的二氧化碳通过管道输送给农作物，加大了农作物的生产和成长，壳牌还有经济效益，所以这是两全的。

这种综合利用，如果前期能够考虑到的话，对于将来应该说，在解决环保的问题上，又谱写了一个新的篇章。所以说，通过不同的创新，找到各式各样的能够解决问题的方式和方法才是重要的。

品牌真正的价值

壳牌在很多年前就在找替代资源的研究和开发，比如说生物燃料、氢能燃料，现在说的把天然气转化成油，相当于车用的汽油、柴油，这方面的燃料，壳牌在过去也做了很多的工作。

如何把煤清洁地利用起来，壳牌开发了一种技术，就是煤气化技术，把煤气化以后再来利用，可以把替代原来的油作为生产资料生产化肥。这样使排放降低了，另外也找到一个不替代的资源，把替代的角度上，壳牌在不遗余力地寻求新的能力。

在全球航运业运力过剩的背景下，摆在航运公司面前的有两条路，要么把船闲置，要么让船舶进行低速航行。前者显然无利可图，后者不仅可以大幅度地降低能耗，而且能够消化过剩的运力，因此正被包括马士基、中远等众多国内外航运巨头追捧。马士基称，每艘集装箱船减速20%，可节省

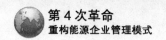

40%的燃料开支。

航运业还面对迫在眉睫的减排压力，减速航行将成为业内的一个标准做法。壳牌全球解决方案（德国）股份有限公司船舶技术团队经理 Jerry Hammett 表示，减速航行虽然节省了燃油，却加剧了发动机的磨损和润滑油的消耗。船用润滑油占船舶运营成本的20%。

针对这一问题，壳牌的船用润滑油产品旨在帮助海运公司应对不断增长的行业压力，比如，安全可靠地运输货物、全球经济衰退所带来的成本压力、对燃料规格制定的新法规、更严苛的排放目标以及新增的排放控制区。为降低成本，船舶经营者正在使用低速航行甚至超低速航行，同时降低气缸油给油速度并延长维修周期。而壳牌新一代产品可以提高发动机效率，降低润滑油给油速度，同时简化操作并在灵活航速的条件下保护发动机。提高发动机抗磨损能力20%以上。

目前，全球船用润滑油市场价值已超过50亿美元，而壳牌在这一市场中占据着领先地位。

希望在将来找到不要农作物、不要粮食，只用废物来生产出大家需要的能源。作为能源公司，肩上担着的责任首先是要缓解各种各样的能源需要。另外在经济高速发展的同时，要考虑到对环保的呼应和要求。

壳牌始终强化企业公民的意识，希望充分承担起应有的责任，希望作为一个企业的公民为大家赖以生存的地球，做出积极的贡献。

品牌的绿色标签

人类社会对企业的要求发生了变化，企业面临历史性变革的压力。人类社会的这种要求，突出地表现在以下方面：企业不仅要成为依法谋取利润的组织，也要成为保护环境和保护更多利益相关者的组织，企业的经济效益要与企业的社会效益和生态效益统一起来。

"商业生态系统"一词是由美国战略学者詹姆斯·穆尔于1993年在《哈佛商业评论》所发表的《捕食者与被捕食者：竞争的新生态学》一文中首先提出的，他指出："商业生态系统是以组织和个人的相互作用为基础的经济联合体。"而哈佛商学院教授马尔科·扬西蒂和罗伊·莱维恩在2004年合著的《共赢：商业生态系统对企业战略、创新和可持续性的影响》，从准自然生态系统的角度，深入阐释了在信息经济时代，全球顶尖大公司通过构建商业生态系统，所赢得的平台级竞争优势。

百年一遇的经济危机和金融风暴刚刚席卷过全球，更多的生态危机与环境问题又接踵而来。在未来高速变化的世界中，工业时代的装甲船将会在破坏之风中沉没，而锻炼出可持续竞争力的企业将会得到生存所需的浮力。

绿色公司就是那些能够未雨绸缪、在风暴当中乘风破浪的组织。什么样的企业能够具备持续竞争力？如何打造良性生态而赢得可持续竞争力？坚持四年的《中国绿色公司百强报告》启发企业思考这些重要问题，帮助企业家预测并且引领新的变革与发展。

种种事实表明，在这个以利益为核心驱动力，以亚当·斯密提出的"看不见的手"为商业逻辑和市场逻辑的机制下，企业坚守商业道德底线，加强管理避免破坏环境和生态的恶性事件发生，达到言行一致，已经成为"中国绿色公司百强"企业必须反复拷问和用行动求证的底线问题。只有在守住底线的前提下，才能够谈如何追求通过打造良性生态赢得可持续竞争力。

家电行业的领军者海尔集团也是较早实现绿色模式转型，进入21世纪后，海尔集团最早发现生产节能环保产品，进行清洁生产是实现企业与社会双赢的新要求。他们从2004年就开始发布《环境报告》，测量和监督企业内

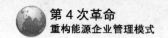

部的环境绩效表现，成为家电行业绿色潮流的引领者，再次抢占发展先机。

青岛啤酒是把生产过程中的废物都看成是放错了位置的资源。在生产过程中使用的酒糟、废酵母、麦根、碎玻璃、易拉罐、打包带、废纸箱、炉渣和废铁等投入要素都得到了100%的回收利用，使这些别人眼中不起眼的废旧物资用最优的资源配置方式创造出新价值。

不仅仅如此，更多企业还要建立一套评估和计量体系来作出衡量和分析，从而能使公司找到衡量效益和了解成本的渠道。松下电器建立了"环境会计体系"，将经济效益与环境负荷量（削减量）联系起来，在松下运营的全球范围内开展统计工作，并将其作为环境经营的基础信息，推进在公司内部的有效利用。从会计监测的指标来看，松下按照日本环境省的分类，界定了"研究开发、地球环境保护、公害防治、资源循环、上下游、管理活动、环境损害应对和社会活动"等八个科目，通过计量各科目的"投资额、费用额和经济效果"来测算企业环境保护的成本，以及通过研发和投资带来的环境增益。同时，松下的另外一张物耗和能耗表格则披露了企业在运营过程中的物质消耗、能量消耗、温室气体排放、用水量和废物回收情况。计算了最新年度与以往年度相比的削减量。

中国政府"十二五"规划主动降低了对未来五年经济增长速度的要求，把实现经济结构调整、促进社会公平和推动环境保护作为经济发展的重中之重。经济要成为绿色经济，增长要成为绿色增长，利润要成为绿色利润，现代化要成为绿色现代化。

得风气之先的领袖型企业行动了起来。他们积极主动地将环境保护和利益相关者权益保护纳入到企业战略与文化之中，使企业不仅成为利润、税收和就业的创造者，也成为越来越尽职的环境保护者和利益相关者权益的保护者，使企业的利润不以环境的污染破坏和利益相关者权益被伤害为代价。企业的利润建立在绿色创新、绿色发展的基础上，实现了企业与政府、环境、劳动者和利益相关者的共生共赢。

从这个意义上说，绿色公司就是通过打造良性生态赢得可持续竞争力的公司，是以"不伤害环境、不伤害他人、不伤害未来"为前提，持续创造"绿色利润"的公司。

宝洁：可持续的"可持续战略"

优化全国 200 所宝洁希望小学、和 WWF 世界自然基金会合作研究太湖保护、举办世界地球日活动……春节过后，宝洁负责可持续发展项目的员工们又忙碌了起来。眼看着，2012 年的目标离他们越来越近。

事实上，宝洁中国的可持续发展的进程，都在宝洁全球总部的掌握之中，这完全归功于其可持续发展战略的系统性。

和那些缺乏规划的企业不同，宝洁的可持续发展战略有着清晰的愿景，包括实现工厂使用 100% 可再生能源作为动力，所有产品和包装均使用 100% 可再生或可循环使用材料，彻底摒弃生产和消费性废弃物的填埋处理方式，设计带给消费者更多愉悦并最大化避免浪费资源的产品等。

除了最终愿景，宝洁还格外注重目标的实现。例如，宝洁制定了 2020 年的中期目标，包括可再生资源替代石油衍生物的比率达到 25%，减少 20% 的包装，提高工厂动力使用可再生能源的比率至 30% 等。

在设立目标的同时，宝洁的可持续发展战略也有着清晰的内涵。五大战略相辅相成——产品创新、改善运营环境、以改善儿童生活为核心的社会责任、员工参与及与利益相关方合作。

例如，宝洁黄埔厂实施了金鱼计划，目标是工厂通过处理后的废水可以直接养鱼，这使得该厂 2009～2010 财年单位耗水量较 2006～2007 财年减少

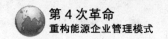
31%。而西青厂则与供应商合作，将工业废渣制成砖块，使得96%的废渣得到循环使用。

在产品包装上，宝洁中国也贯彻"环保"思维。过去两年里，宝洁中国共节省产品包装材料3万吨，其中玉兰油瓶或罐采用新型泵压式设计，每年可节省60吨塑料，而新上市的潘婷洗发产品，则通过对瓶盖和瓶身的改良设计，每瓶节省了13%左右的包装耗材。

这些做法，无疑降低了宝洁的运营成本，使宝洁成为最直接的受益者。而在企业社会责任及员工与利益相关方参与上，宝洁的受益虽看似不明显，却影响深远。

宝洁是在中国建设希望小学最多的外企，达到200所，涉及全国28个省（区、市）。这不仅符合宝洁全球的宗旨——做社会公益的目标群体为13岁以下儿童，还与宝洁在中国的农村战略相得益彰。

我们可以算笔账，宝洁方面透露，宝洁建一所希望小学，且拥有冠名权，花费大约在40万元。而宝洁品牌的影响力会因此在当地存在几十年。在这几十年里，在那里生活或从那里走出来的孩子，又将有多少长大后成为宝洁的消费者。

更重要的是，宝洁通过希望工程，加强了企业文化建设，并增加了与利益相关方交流的平台。"看一个项目做得好不好，首先看它让多少孩子得到实际的帮助，其次是带动了多少员工、商业伙伴参与。今后带动员工和商业伙伴一起做公益，是我们侧重的方向。"一位宝洁的内部人士告诉记者。据他介绍，这200所希望学校里有60所是与员工、商业伙伴共建的。

"做公益的价值经常超出人们的想象。"这位内部人士说，"我当年从清华大学毕业加入宝洁也和此有关，宝洁治理好了清华东门的一条臭水沟，我的导师对它赞赏有加。我这才知道了宝洁，并愿意加入它。"

中远创造共享价值

2011 年是魏家福掌舵中远集团的第 13 个年头，也是这家中国航运巨头 50 周年华诞。"魏船长"早年间在茫茫大海中肩挑船东、货主、船员三副重担，直面过海盗、火灾、风浪等各种紧急情况，风险意识深入骨髓。中远人都熟悉魏家福的一段名言："这就叫危机意识！你要随时想到未来的风险，就是'赢'字里的'亡'，要想赢，当头就是要先想到'亡'的各种可能性！"

中远不是中石油，也不是中石化。"我们是两个完全不同的世界。"中远集团可持续发展及全面风险管理办公室主任马迎欣说。同为央企，中远不像后者那样，能在相对封闭的国家所有制中生存，在垄断的市场中经营，作为最早走出国门的中国企业之一，只有用国际化管理才能适应当地市场和业务需求，"中国自己说了不算"，因此，最终的解决办法只有一个：做世界公民。而"风险"二字，始终是中远战略运营最核心的指向。

重新思考 21 世纪的公司，很多风险不是在企业内部可以解决的，根本的风险是企业和社会的关系，一个企业的竞争力和一个行业，乃至一个社会的健康程度是密切相关的，只有将公司的成功与行业、社区的成功联系在一起，才能从根本上消除风险。这次 BP 墨西哥湾漏油事件发生后，企业股票市值跌了 55%，社会责任与企业发展已经具有生死存亡的紧密联系。

在竞争激烈的航运业，"多拉快跑"是常态，但金融危机中运力过剩，不少企业破产，行业面临衰退。中远集运开发了"加船降速"的方法，将船舶行业大幅降速超过 10%，不仅日耗油量降低了 20%～25%，减少了二氧化碳排放，还挽救了一批濒临衰亡的小规模航运企业，稳定住了行业生态。

相信公司声誉对经营成功愈发重要的中远，2009 年投入 1184 万元，将

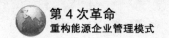

4条船的船壳油漆改用 Intersleek 油漆，这种产品不使用生物杀虫剂杀死海洋生物，而是提高船舶表面光滑度，降低摩擦系数，更好地保护了海洋生物环境。此前一年，中远将所有油轮改造为双核油轮，即使发生轻微碰撞，油轮内层也不会受损，确保燃油不泄漏。

这并不是魏家福心血来潮，或是表现出的企业社会责任秀，而是他真重视风险，真懂管理。自他掌舵中远以来，一直引进国际上最先进的可持续发展管理体系融入中远原有的管理体系。流传最广的一幕来自2004年，时任联合国秘书长安南访华并倡议中国企业履行"全球契约"，魏家福当场表态：中远承诺加入并在公司内部全面实施"全球契约"：没有数据就无法管理。2005年，中远开始开发IT平台，将所有管理流程和指标统一到可持续发展管理平台，同时建立数据化中远，将各项职责分解、细化并确定指标，从最初的250个指标发展到今天超过800个指标。

风险就是不确定性，管理得好就是财富。2009年，中远集团抽取了11个部门的核心程序，对实施全面风险管理的有效性进行评估，测评覆盖所有的部门，根据各部门程序的风险分布，选择了11个主程序及相应全部的子程序进行测试，以各程序中的关键控制点作为现场检查的重点。

事实证明，这是精明而有远见的一盘棋：以"全球契约"为原则，强健了企业抗风险能力，建立起中远的绿色竞争力。金融危机中，全球航运物流公司无一不受到重创，但2010年上半年，中远控股股份有限公司销售收入较2009年同期上升64.5%，净利润上升175.9%。

这家企业在国际上享有的声誉主要并非利润所赐，而是它在中国企业中少见地得到了西方主流社会的赞许。2008年年底，击败和记黄埔、迪拜国际等竞争对手竞得希腊第一大港比雷埃夫斯港35年特许经营权，是中远近年的得意之作。不错，仍有美国人将中远视为"中国第二支海军"，而由于在近10年时间里，进驻世界大型海运企业纷纷撤离的波士顿港，保住了当地近万名工人的工作岗位，当地劳工组织罕见地给一家企业颁发了"创造就业机会"大奖，美国国会参议院外交关系委员会主席克里提出一项议案：向中国远洋运输集团总裁魏家福致意。

电网公司的品牌塑造

"万家灯火，南网情深"，南方电网的广告语，凸显了南方电网公司作为服务型公司的独特性。

"万家灯火"是公司服务社会的物态意象与思想意境，其中有光、有热、有力；其中是真诚、卓越、感动。"万家"是我们服务的对象，借指电能普惠百姓，生活须臾不离；"灯火"是无形电能的具体表达，传达光明信息，创造深远境界。"万家灯火"是南网人共同追求的目标。南网人始终铭记为社会发展提供充足电力、卓越服务是我们肩负的责任。

"南网情深"是公司服务社会的精神态度与价值取向。"情深"可作两解，一是南网人对南网倾注深情，同心结南网；二是南网人对客户倾注深情，始于客户需求，终于客户满意，用心服务，成就卓越。

"南网情深"表达了南方电网公司的服务态度、服务精神，追求优质、方便、真诚、快捷的服务。南网人始终铭记为社会发展付出真心、倾注真诚是我们涌动的真情。

服务既在南网人的行动之中，也在南网人的心灵之中。万家灯火，灯火中有你有我；南网情深，深情中有真有善。点亮万家灯火，寄托南网深情，南网人与千千万万客户同心结南网，携手向未来。

以上是南方电网公司对品牌与客户之间美好愿望的具体描述，南方电网的品牌塑造也有明确的目标，塑造在国内外有较高知名度和美誉度的电网驰

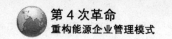
名品牌，实现与政府、公众、客户的良性互动。

但是，现在面临的问题是在南方大部分地区，面临着电力供应不足，碳排放指标的限定，企业面临着拉闸限电的风险，这时候怎么体现南网情深。所以，广告语不是一句美好的表述，而是行动的指导方针，关键是南网为实现"万家灯火"要做什么，才能与客户实现"南网情深"。但是，现在的很多广告，都在自言自语，不知所云。

广告牌上面一个 LOGO，一个公司名称，一句广告语，很难理解作为一个垄断行业的企业想表达什么，仿佛就像要完成广告花费任务一样，你不知道他向谁表达？表达什么？为什么这样表达？

品牌战略不仅仅是花钱塑造形象、换取附加价值的行动，更是一种思考方式，一项资源再造，一个动态的经营系统。它不仅是为了创造名牌，更是为了让企业拥有持续的竞争优势；它不仅属于某些公司的特定发展阶段，它贯穿了企业生命周期的全过程。

如果市场营销的主旨是不断地满足需求，目标是提升知名度、市场占有率、销售收入，那么品牌战略管理的主旨则是不断地创造需求，其目标是保持消费者的忠诚度、市场地位、赢利能力。而这两者之间是辩证统一的关系，且互为作用。

创建品牌无疑是参与现代竞争的必由之路。假如公司没有进行品牌管理，那么就不可能取得一流的财务业绩，也不可能获得广泛的认同。品牌建设极具战略意义，在董事会的议事日程上，应该成为永恒的话题。

中石油品牌换标为什么

2004 年 12 月 26 日，中国石油宣布全系统使用统一标识，高举整体发展大旗，打造统一品牌。

新标识由红黄两色构成，取自国旗颜色；圆形图案、十等分的花瓣，红色基底凸显方形一角，中心部分犹如初升的太阳光芒四射。构思新颖、寓意深刻的图案令人眼前一亮。很快，新标识就有了一个美丽而坚实的名字——宝石花。

2005年1月1日，中国石油股份公司石化产品统一使用昆仑商标，统一产品外包装，宝石花走进城市乡村，走进千家万户。

中国石油还常年在CCTV和凤凰卫视为旗下品牌做广告传播，赞助奥运会提升国际影响力。

"我们实现了产品品牌与服务品牌高度一致，宝石花既是服务品牌又是昆仑产品的商标"，集团公司总经理助理李润生介绍，"这样既能突出能源公司产业特征，清晰品牌形象，充分体现集团公司的规模和实力，又能最大限度发挥品牌的协同效应。"

中国石油集团确定了今后一段时期内的发展战略，即以油气业务为核心，拥有合理的相关业务结构和较为完善的业务链，上下游一体化运作，国内外统筹协调，油气业务与工程技术业务等整体协作，建设具有国际竞争力的综合性国际能源公司的发展目标。

解读这个目标，我们注意到综合性、国际和能源等关键词，表明了中国石油集团下一步将进行多种能源、全世界拓展业务的复合型发展模式。要在2020年实现这个目标，中国石油集团在战略调整、管理体制创新、国际并购与合作、上下游一体化及信息管理等方面有很多工作要做。

其实，尽管中石油认识到品牌是跨国公司国际化经营的重要战略性资产。要占据国际市场份额，没有国际品牌战略的支撑，难以得到国际社会的认可，在高度市场化的国际竞争中，品牌形象更是敲门砖。但的确不仅仅是形象的问题，而是实实在在的创造价值的能力，它包括全球化战略理念，以

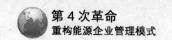
及如何进行全球化经营的问题。如果品牌的形象与战略系统脱节的话，品牌形象仅仅是空洞外壳，难以支撑国际化的进程。

中石油近期的一系列事故，导致中石油所谓的品牌建设受到严重的打击，而且，公关危机处理也显得力不从心，我们可以看出，品牌的建设绝不仅仅是形象的建立，需要系统的维护，才能将品牌的优势建立起来。无论如何，中石油现今面临的最重要的课题，是如何重塑品牌，拯救危机中的品牌形象。

无价的资产

作为一家全球性的跨国公司，通用电气公司在 100 多个国家开展业务，员工的国籍也各不相同。为了规范公司的业务经营活动以及员工的行为，GE 制定了员工行为准则，其内容包括：遵守一切适用的、指导公司全球业务经营活动的法律和法规；处理所有 GE 业务活动和业务关系时，要诚实、公正和可靠；避免任何公私利益冲突；培育公司内部人人机会平等的氛围；致力于保障工作安全，保护环境。

通过各级领导的努力，建立并维护一个人人认同、推崇正直行为并身体力行的公司文化。

为了切实贯彻执行上述行为准则，GE 又制定了一整套诚信政策。政策的简要介绍印刷成册，GE 员工人手一本，并每年定期签署"员工个人的诚信承诺"。

政策内容涵盖了与客户和供应商的关系、与政府部门的交往、全球性竞争、GE 社区和保护 GE 资产等方面。例如，政策规定，在与公司的客户和供应商打交道时，无论交易额有多大，无论业务发展压力有多大，GE 均要求员工只通过合法和符合道德标准的方式来开展业务，不得为获取不正当利益而向客户或供应商提供任何有价值的东西。在和政府部门或官员来往时，GE 承诺按照最高道德标准与一切政府的代表交往，并遵守适用的法律和法规。

再如，公司要求员工"防范任何公司利益冲突"，不得从供应商、客户或竞争者处接受超过一般价值的礼物。GE 还针对国际贸易、商业竞争、财务控制等方面制定了切实可行的政策。

在执行诚信政策时，通用电气公司不仅要求自己的员工严格遵守，还要求所有代表公司的第三方，如代理、销售代表、经销商等承诺遵守适用的GE 政策。

GE 首席执行官杰克·韦尔奇在不同的场合一而再、再而三地强调 GE 对诚信政策的坚定承诺。韦尔奇称诚信是 GE 员工一百多年来创造的"一份无价的资产"，没有什么东西，无论是完成业务指标，还是上级的命令，还是为了客户服务，能比行为正当、坚持诚信更重要。

在 2001 年 GE 公司全球高级经理人大会上，杰克·韦尔奇给与会的 GE 经理们留下十点临别赠言，其中第一点就是关于"诚信"。他说："常常有人问我'在 GE 你最担心什么？''什么事会使你彻夜不眠？'其实并不是 GE 的业务使我担心，而是某人在某个环节做出了从法律上看非常愚蠢的事，而这些蠢事给公司的声誉带来污点并且也把他们自己和他们的家庭毁于一旦。在诚信上绝对不能有任何松懈。'诚信'讲得再多也不过分。诚信不仅仅是法律术语而且是更广泛的原则，它是指导我们行为的一套价值观。它指导我们去做正确的事情，而不仅仅是合法的事情。"

GE 是全球最伟大的公司之一，是把诚信作为公司第一传统的一家公司（另外两个是注重业绩和渴求变革）。一百多年来 GE 赖以成功的基础和最大

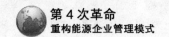
的无形资产，就是对诚信的承诺——"它使我们的产品和服务胜人一筹，使我们与客户和供应商能够坦诚相待，并在业务上保持常胜记录"。

值得高度重视的是，GE 是怎样用诚信塑造价值链的？GE 的诚信政策，不仅要求 GE 员工、下属公司或其他控股关联公司遵守，还要求非控股关联公司遵守，甚至要求第三方遵守。"一旦了解代表 GE 的第三方未能履行遵守 GE 政策的承诺，必须采取包括终止合同在内的一切行动。"这就把诚信扩展到了价值链上的每个环节。

诚信永远比业务成果重要。这是 GE 的信条。

例如，诚信政策中关于"与客户和供应商的关系"，要求注意不当支付、国际贸易管制、防范洗钱、隐私权等。

关于"不当支付"，政策概要是：在销售产品和服务、进行金融交易或代表公司与政府部门交往时，GE 员工不得为获取不当利益而提供任何有价值的东西。

这方面的基本要求包括：

1. 不得直接或间接给予、许诺或授权他人给予客户或政府官员任何有价值的东西（例如金钱、物品或服务），以获得任何不正当利益。杜绝任何可能给人不正当印象的送礼、捐赠或商业应酬。

2. 未经与所在国的 GE 总裁或业务部门法律顾问协商，不得给政府官员或雇员提供酬金或其他付款，以便加快他们日常行政事务的处理过程。如果支出了"便利费"，要确保将这些费用清晰、准确地记录在财务报表上。

3. 在美国，未事先获得负责政府关系的 GE 副总裁的批准，不得为任何政治目的用公司的资金或其他资产提供捐赠。在美国境外，未事先获得负责政府关系的 GE 副总裁和负责国际法律和政策事务的 GE 副总裁的批准，或者取得他们的授权委托人的批准，不得为任何政治目的用公司的资金或其他资产提供捐赠。

该诚信政策还提出了需特别注意的地方：

1. 任何代表 GE 或被认为代表 GE 的个人或公司，有以下情形：

曾被控有不正当的商业行为；

对购买决定有影响，并有行贿的坏名声；

有亲属或其他关系，他们有可能不恰当地影响某个客户或政府官员的决定；

在最后中标决定之前，某人找到你，称他或她与某位政府官员或该客户有"特殊安排"；

坚持要在宣布中标决定之前收受佣金。

2. 任何人提议 GE 通过某个特定的代表或合作伙伴去投标。

3. 任何要在第三国支付佣金或其他款项或者将佣金或其他款项支付给他人的要求。

4. 与所提供的服务相比过于巨大的佣金。

所有这些严格和可操作的规定，都体现出 GE 的诚信观：无论是为了"创造业绩"，还是为了提高竞争力，还是来自上级的命令，都不能使我们在诚信的承诺上有任何妥协。

这样的一个以诚信为本的链条，保证了 GE 和所有合作伙伴之间的关系是健康，长久的。

经济舞台，风云变幻。企业间的竞争随着市场的紧缩变得日益激烈残酷。当技术、管理已不再成为壁垒，企业间的竞争靠什么取胜？诚信！"诚信必须是竞争的基础！"（《杰克·韦尔奇自传》）

诺贝尔经济学奖得主阿罗说："没有任何东西比信任更具有重大的实用价值。"著名学者福山在其《信任》一书中说，"信用是整个社会的最大资

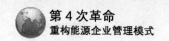

本。"唯有建立起诚信为本的价值链，企业才能实现诚信供应，诚信生产，诚信营销，诚信服务。

杰克·韦尔奇说："我们没有警察，没有监狱，我们必须依靠我们员工的诚信。"可以说，GE 的市值所以能在短短 20 年里猛增 30 多倍，排名由世界第十跃升至第二，是诚信经营的结果。

GE 的案例为我们展示了诚信贯穿于企业的经营系统之中，而且是诚信成为企业经营活动的具体指导原则，GE 不仅要求自己的员工身体力行，而且还要求与其合作的商业伙伴，也必须遵守这一原则。GE 把诚信扩展到了价值链上的每个环节。

成就卓越品牌的根本

对于市场、企业和投资者来说，信用是财富，它可以在相当大的程度上决定市场参与者的发展能力和发展空间；信用是财源，它可以通过商品市场、货币市场和资本市场打通企业和个人聚财、用财和生财的通道；信用也是财力，它可以通过社会的信用网络来实现"用小钱支配大钱"、"用明天的钱来支配今天的钱"的放大过程。

而在信用缺失的条件下，人们做生意的成本会很高，经济效益本身被信用不佳所导致的种种问题吃掉了很大的一块，于是能够开展的业务，或许就不能开展了；能够轻松实现的商业活动，可能要付出很大的努力才行。信用缺失成为阻碍经济增长的关键因素。

此外，资本与信用存在密切的关系。从人类社会开始利用货币的那天起，人类就已经把经济的发展建立于信用的基础之上了。一个信用匮乏的社会，必将出现的后果之一，就是资本的匮乏。这可以用来解释美国资本市场对信用问题的紧张，也可以用来解释中国的经济发展为什么总是缺乏资本市场的有力支持。从经济学的角度看，诚信是确保市场经济得以高效运行的基本要素。如果没有诚信，经济运行就会是紊乱的、低效的。

诚信是卓越品牌的基石，如果一个企业缺乏诚信的经营理念，不管如何花钱塑造品牌形象，都是暂时的虚幻美景。我想可以从两个方面来说，一是对外，要对顾客和客户诚信，否则没有顾客买你的产品，没有客户愿意跟你做生意，这样你的产品再有竞争力，营销方案再好，企业也会渐渐地被市场淘汰，所以诚信是一个企业生存的基础，也是企业发展的必要条件；二是对内，企业要对员工诚信，企业的发展离不开每一位员工的努力，管理就是管人，如果对员工不诚信，那么企业就失去了发展的动力。

市场经济是契约经济，信用是一切经济活动的基础。到了信息时代，信用几乎是电子商务的灵魂。市场经济不能没有信用，信用可以减少市场交易费用。只有交易双方有足够的信用度，交易才有可能完成，否则任何交易都需要面对面，以货易货地进行。这不仅增加交易费用，面且将交易的规模限制在一个很小的范围，严重阻碍了生产和流通。这种原始交易的方式在全球经济一体化，电子商务飞速发展的今天已远远不相适应，是一种反动、倒退。

诚信的意义首先表现在它对企业是一种无形资产。首开先河研究企业问题的美国学者凡勃伦在他著名的《企业论》里，认定任何一项资本的价值，关键在于它的收益力。由于资本的价值在于其增值能力，在于其滚动发展能力，所以，作为无形资产的商誉，就理所当然地构成了资本的重要内容。

凡勃伦指出，"在这样依据收益力的资本估值中，资本估价的核心不是工厂的成本，而是所谓公司的商誉。"商誉是无形资产，包括商标、牌面、信誉等。按照凡勃伦的论述，诚信是可以"卖钱"的：一个有诚信的企业不

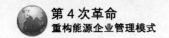

会出售假冒伪劣产品，会由此赢得消费者的青睐；一个讲诚信的企业，不会拖欠债务，并会由此带来融资的方便。于是，一个有长远打算的人，一个想使自己的企业永远立于不败之地的人，会从一点一滴开始，锻造自己崇高的商业形象。

在这个商业道德沦陷的社会，人们常常认为一个关注企业伦理道德胜于利润的公司是不可能成功的，尽管我们生产出来最好的产品也不可能获得公平合理的报酬。但是我们发现恰恰是坚守商业信誉的公司才能真正地获取持久的成功，诚信是一种责任，它承载着企业的使命和价值观。

诚信是企业文化的根本，如果一个企业不讲诚信，就很难建立起真正的企业文化，因为没有诚信，一切文化都是海市蜃楼。诚信是企业经营的基石，没有诚信的支撑企业的经营业绩，可能就是一组虚幻的数字。

禅悟：有爱就有未来

很多企业为了追求眼前的利润，而变得舍本逐末，缺乏的是大企业的责任与高瞻远瞩的战略眼光。遗憾的是，很多公司没能意识到过分地追求短期的效益会严重制约其长期良性的发展，这也会让企业为此付出巨大的机会成本。

这也反映在佛教禅宗式隽语中：越拼命赚钱越赚不到钱。就像彼得·德鲁克所解释得那样："利润并不是商业行为和决策的理由、依据或根本原因，而是用来验证这些行为和决策的合理性。"经商不仅仅是为了赚钱，更应该意识到你的的确确在改善人们的生活……

世界各地的公司都面临着经营上的挑战，苹果在最艰难的时期，也没有放弃核心业务，转投地产或养猪，乔布斯说成功的秘诀就是专注和简单。

在动荡的年代，更考验企业家的眼光和毅力，中国的企业通过一番混战后，将更加回归理性的思考，关键的问题不是回答如何挣钱的问题，而是关注社会问题。因此，今天最迫切的课题是重塑企业家精神。

地球环境的恶化，已经关乎人类可持续的生存与发展，为二氧化碳埋单，关乎一家企业的良心，但如果这还能为企业赢得竞争力，岂不是更好？

虽然目前还没有任何一个国家强制企业实行"碳中性"政策，但已经有越来越多的企业甚至个人意识到该为自己对环境造成的巨大破坏埋单，并付诸行动，而碳交易商的诞生，也使得这一过程变得越来越简单了。

例如，汇丰银行早在 2004 年就承诺将成为一家完全"碳中性"公司：一方面从公司硬件方面着手降低能耗，另一方面，公司为员工购

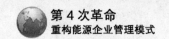

买碳积分，抵消员工旅程产生的"碳足迹"。在富时 100 指数（FTSE 100）成分股公司中，汇丰是首家达到碳中性的企业，而汇丰称，为了达到这一目标，公司花费了约 300 万美元。

不仅是汇丰，越来越多的公司加入到了"碳中性"行动中，而在推动"碳中性"普及的过程中，能源巨头 BP 也功不可没。其推出的"碳排放计算器"，能根据一系列的指标计算出人们每天的二氧化碳排放量，并对控制日常二氧化碳排放量提供简单易行的指导。在这个直观、新鲜的计算过程中，中国的消费者才发现原来不同的生活方式对二氧化碳的产生有着可以量化的影响。

当今，企业只有将碳减排充分融入公司运营链的每个环节，才能获得碳减排的最大成效并且支持公司的可持续发展，而更为关键的是公司还将因此获得了竞争优势，在日后跟竞争对手的竞争中更好地发挥自己的节能优势。

财富正在从"黑金"转向"绿金"，我们会发现财富正转向关注环境、关注健康、关注人类的可持续发展。企业必须将视线转向关注社会问题，承担起历史赋予企业的使命，通过解决社会问题，创造更多的价值。你能看多远就能走多远，胸怀天下才能成就天下之事。

有爱就有未来！

感怀

　　猴年我完成了第一本著作《管理新经》，如今八年已经过去了，真乃似水年华。望浮云掠过，涛声依旧。闻鸟语花香，景象万千。龙年图腾，在苦苦耕耘《第4次革命》一书的过程中，我不禁感慨万千，提笔写下只言片语，与友人分享与共勉：

水调歌头　龙年元宵节

　　炮竹响四海，银树挂满天。

　　玉兔翩翩起舞，嫦娥拨琴弦。

　　钟离仰卧蒲扇，仙姑仁立荷花，

　　漫步白云端。

　　竹笛声起处，蓬莱映眼帘。

　　龙抬头，凤摆尾，地连天。

　　霞光普照九州，合一生万念。

　　菩提树下成阴，明镜台上蝶恋，

　　皆随心意转。

　　不等寒冬去，冰雪化紫烟。

刘海峰作于 2012 年 2 月 6 日

致谢

互联网及相关信息技术的迅猛发展及其在企业界的创新应用，不断冲击甚至颠覆传统的商业模式，财富的获取方式发生着深刻的转变。这场全球性的商业革命，深刻地改变着企业的生存方式。

工业时代的管理思维，已经不足以有效指导今天的商业领袖和各级管理者的创新实践。我们需要的，不仅是对传统的管理理念进行所谓的创新，而是要建立全新的管理思维方式，建立全新的商业模型。学会在虚拟的世界里做出正确的决策、学会在信息中求取价值、构建开放型成长的生态系统、整合资源创新价值的能力，以及共赢的思维方式——这是互联网时代的工商领袖必须掌握的 5 大法则。

回想 2004 年当我写作《管理新经》时，就希望自己能看得更远一些，对新经济时代企业战略和商业模式的变革规律认识得更深刻一些。八年来，我一直致力于这方面的研究和实践。其中，能源产业特别是电力行业是我关注的一个重点领域。通过对国际能源格局变化的趋势、国家能源政策、国际能源企业进化的案例研究，以及在国家电网、南方电网、中国石油、国电集团、中电投、大唐集团、长江电力、粤电集团、山西国际电力集团等能源企业开展高级管理人员培训和管理咨询活动，将总结的理论应用于能源企业管理创新实践中，不断地丰富和系统化。本书算是对这些成果的一个总结。

期间，清华大学能源规划与训练中心、清华厚德管理创新研究中心的老师与同人，让我开始了在能源领域的管理创新的探索及研究；国家电网高培中心各位领导和老师，为我提供了大量而丰富的教学实践及学员论文研究资料，让我对电力行业有了更全面、深入的了解；中国石油的管理教学实践，使我在能源行业得以扩展知识；北京大学为我提供了许多跨领域的管理创新教学与研究，让我获益良多。还有不断提出问题，激发我并和我一起不断思考的众多能源企业的管理者们，以及我的家人与好友们，是你们的爱给了我宝贵的动力和后盾。

在此对一切与此相关的人士，致以最真挚的敬意和感谢，是你们的信赖与激励，不断给我探索未知领域的勇气。如果这本书的成果算为宝贵，则它的诞生当归功于你们所有人的无私贡献。

参考文献

《创富志》2009 年 5 月号《蔓公司》黄星 陈维祥/文；2011 年 11 月号《颠覆一个行业》郎咸平、孙晋/指导 胡耀明、关婉君、孔颖恒、彭淑冰、郑祺安、吴海权、叶志明、杜国培、郭子麟/文

《微利时代的成长》［美］亚德里安·斯莱沃斯基、理查德·怀斯 著孙燕军等译